KB212542

근현대 전법 선맥(傳法禪脈)

75조 경허 성우(鏡虛 惺牛) 전법선사

 오도송

홀연히 콧구멍 없는 소 되라는 말끝에	忽聞人語無鼻孔
삼천계가 내 집임을 단박에 깨달았네	頓覺三千是我家
유월의 연암산을 내려가는 길에서	六月鷰岩山下路
일없는 야인이 태평가를 부르노라	野人無事太平歌

76조 만공 월면(滿空 月面) 전법선사

 전법게

구름과 달, 산과 계곡이라, 곳곳에서 같음이여	雲月溪山處處同
선가의 나의 제자 수산의 큰 가풍일세	叟山禪子大家風
은근히 무문인을 그대에게 분부하니	慇懃分付無文印
이 기틀의 방편이 활안 중에 있노라	一段機權活眼中

* 제75조 경허 성우 전법선사 전함 / 제76조 만공 월면 전법선사 받음

77조 전강 영신(田岡 永信) 전법선사

 전법게

불조도 전한 바 없어서	佛祖未曾傳
나 또한 얻은 바 없음을…	我亦無所得
가을빛 저물어 가는 날에	此日秋色暮
뒷산의 원숭이가 울고 있네	猿嘯在後峰

* 제76조 만공 월면 전법선사 전함 / 제77조 전강 영신 전법선사 받음

78대 농선 대원(弄禪 大圓) 전법선사

전법게

부처와 조사도 일찍이 전한 것이 아니거늘	佛祖未曾傳
나 또한 어찌 받았다 하며 준다 할 것인가	我亦何受授
이 법이 2천년대에 이르러서	此法二千年
널리 천하 사람을 제도하리라	廣度天下人

부송(付頌)

어상을 내리지 않고 이러-히 대한다 함이여	不下御床對如是
뒷날 돌아이가 구멍 없는 피리를 불리니	後日石兒吹無孔
이로부터 불법이 천하에 가득하리라	自此佛法滿天下

* 제77조 전강 영신 전법선사 전함 / 제78대 농선 대원 전법선사 받음

이 오도송과 전법게는 농선 대원 선사님께서 법리에 맞도록 새롭게 번역한 것입니다.

불조정맥 제77조 대한불교 조계종 전강 대선사님께서는, 16세에 출가하여 23세 때 첫 깨달음을 얻고 25세에 인가를 받으셨다. 당대의 7대 선지식인 만공, 혜봉, 혜월, 한암, 금봉, 보월, 용성 선사님의 인가를 한 몸에 받으셨으며, 이 중 만공 선사님께 전법게를 받아 그 뒤를 이으셨다. 당대의 선지식들이 모두 극찬할 정도로 그 법이 뛰어나서 '지혜제일 정전강'이라 불렸다.

33세의 최연소의 나이로 통도사 조실을 하셨고, 법주사, 망월사, 동화사, 범어사, 천축사, 용주사, 정각사 등 유명선원 조실을 역임하시고 인천 용화사 법보선원의 조실로 일생을 마치셨다.

1975년 1월 13일, 용화사 법보선원의 천여 명 대중 앞에서 "어떤 것이 생사대사(生死大事)인고?" 자문한 후에 "악! 구구는 번성(飜成) 팔십일이니라."라고 법문한 뒤, 눈을 감고 좌탈입망하셨다.

다비를 하던 날, 화려한 불빛이 일고 정골에서 구슬 같은 사리가 무수히 나왔다. 열반하시기까지 한결같이 공안 법문으로 최상승법을 드날리셨으니 그 투철한 깨달음과 뛰어난 법, 널리 교화하기를 그치지 않으셨던 점에 있어서 한국 근대 선종의 거목이라 일컬어지고 있다.

불조정맥 제78대 농선 대원 전법선사님
- 전강대법회에서 법문 중 할을 하시는 모습

오로지 정법만을 깨닫기 서원합니다.

입을 열면 정법만을 설하기 서원합니다.

중생이 다하는 그날까지 교화하기 서원합니다.

- 농선 대원 전법선사의 3대 서원

불교 8대 선언문

불교는 자신에게서 영생을 발견하게 한 유일한 종교이다.
불교는 자신에게서 모든 지혜를 발견하게 한 유일한 종교이다.
불교는 자신에게서 모든 능력을 발견하게 한 유일한 종교이다.
불교는 자신에게서 모든 것을 이루게 한 유일한 종교이다.
불교는 자신에게서 극락을 발견하게 한 유일한 종교이다.
불교는 깨달으면 차별 없어 평등하다는 유일한 종교이다.
불교는 모든 억압 없이 자신감을 갖게 한 유일한 종교이다.
불교는 그러므로 온 누리에 영원할 만인의 종교이다.

- 농선 대원 전법선사 주창

전세계의 불교계에서 통일시켜야 할 일

경전의 말씀대로 32상과 80종호를 갖춘 불상으로 통일해야 한다.

예불 드리는 법을 통일해야 한다.

불공의식을 통일해야 한다.

- 농선 대원 전법선사 주창

2018년 이룬절 포천정맥선원 농선 대원 선사님의 법회

대방광불화엄경
大 方 廣 佛 華 嚴 經

제42권

십정품 ③
十 定 品

도서출판 문젠(구, 바로보인)은 정맥선원에서 운영하고 있습니다.

* 인제산(人濟山) 성불사(成佛寺) 국제정맥선원
 경기도 포천시 내촌면 소리개길 86-178 ☎ 031-531-8805 ☎ 010-6431-8805
* 인제산(人濟山) 이룬절 포천정맥선원
 경기도 포천시 내촌면 소리개길 86-123 ☎ 031-531-2433 ☎ 010-3880-8980
* 자모산(慈母山) 육조사(六祖寺) 청도정맥선원
 경북 청도군 매전면 동산리 산 50 ☎ 010-9800-6109
* 백양산(白楊山) 자모사(慈母寺) 부산정맥선원
 부산시 동래구 아시아드대로 114번길 10 대륙코리아나 2층 212호
 ☎ 051-503-6460 ☎ 010-2951-8667
* 광암산(光巖山) 성도사(成道寺) 광주정맥선원
 광주광역시 광산구 삼도광암길 34 ☎ 062-944-4088 ☎ 010-8670-1445
* 대통산(大通山) 대통사(大通寺) 해남정맥선원
 전남 해남군 화산면 송계길 132-98 중정마을 ☎ 061-536-6366 ☎ 010-8938-2438

바로보인 불법 ㊳

화 엄 경 42권

초판 1쇄 펴낸날 단기 4352년, 불기 3046년, 서기 2019년 9월 10일

역 저 농선 대원 선사
펴 낸 곳 도서출판 문젠(Moonzen Press)
    11192,경기도 포천시 내촌면 소리개길 86-178
    전화 031-534-3373 팩스 031-533-3387
신 고 번 호 2010.11.24. 제2010-000004호

윤 문 교 정 증연 강영미
편집 전자책 제작 도향 하가연
표 지 그 림 현정(玄楨)
인   쇄 가람문화사

도서출판문젠 www.moonzenpress.com
정 맥 선 원 www.zenparadise.com
사막화방지국제연대(IUPD) www.iupd.org

ⓒ 문재현, 2019. Printed in Seoul, Republic of Korea
값 15,000원
ISBN 978-89-6870-042-2 04220
ISBN 978-89-6870-000-2 (전81권)

華嚴十無頌 화엄십무송

- 농선 대원 선사

無相法性常顯前
상이 없는 법성은 언제나 드러나 있고

無性諸法如谷響
성품이 없는 모든 법은 골짜기에 메아리 같도다

無外作處是自在
밖이 없이 짓는 곳을 이 자재라 하는 것이니

無非華嚴大道場
화엄 대도량 아님이 없음이로다

無窮無盡光神通
궁구할 수 없고 다함 없는 광명의 신통에서

無不出生三千界
삼천대천세계가 나오지 않음이 없도다

無碍相卽大自在
걸림이 없이 서로 즉한 대자재여

無爲之法是日常
함이 없는 법이 일상이로다

無有定法隨狀況
정한 법 없어 상황을 따름이여

無上無爲妙菩提
위 없고 함이 없는 묘보리로다

바로보인 불법 ㊳

화엄경(華嚴經) 42권

농선 대원 선사 역저

二十七 、 십정품(十定品) ③

서 문

가없이 크고 넓어 광대함이여!
모양 없는 그 가운데 본래 갖춤
증득한 지혜인이라야 아네

남섬부주 일체의 나툼이여
본래의 갖춤에 비하자면
천만억분의 일도 안 된다네

이러-히 온통 온통함이여!
모두 갖춘 본연한 이 장엄을
'대방광불화엄'이라 하네

단기(檀紀) 4345년
불기(佛紀) 3039년

무등산인 농선 대원
(無等山人 弄禪 大圓)

❦ 81권 화엄경 권과 품

차 례

일러두기

1. 화엄경 본문을 지나치게 세밀하게 나누어 긴 주해를 싣지 않은 것은 그로 해서 원문의 흐름이 끊어지게 되지 않을까 하는 우려에서이다. 이런 까닭에 다만 수없이 장고(長考)하며 최대한 원문에 충실하게 번역하고 각권의 마지막이나 각품의 마지막에만 결문(結文)을 더하였다. 화엄경 본문이 이치적으로 더할 나위 없이 샅샅이 화엄의 화장세계를 밝힌 것이라면 결문은 화엄경의 화장세계를 선(禪) 도리로 간략히 바로 끊어 보인 것이다. 이로써 경의 본뜻이 굴절 없이 전달되어 화엄의 세계가 독자의 세계가 되기를 바란다.
2. 요즈음 화엄경을 접한 이들이 최고의 경전이라 불리는 화엄경 첫머리부터 '신(神)'이라는 호칭으로 기록된 분들이 많은 것을 보고 의아하게 생각하는 경우가 있다. 화엄경의 첫머리인 세주묘엄품을 보면 이 '신(神)'이라는 호칭으로 기록된 분들이 불보살님의 화현이거나 보살마하살의 경지에서 행하는 분들임을 알 수 있다. 이런 까닭에 이 책에서는 '신(神)'을 '천제(天帝)'로 번역하였다. 예를 들면, '집금강신'은 '집금강천제'로 의역하였다. 천제는 그 세계를 다스리고 교화하는 분, 곧 깨달아, 삼매와 지혜와 덕과 신통과 방편과 변재를 갖추어서 다스리고 교화하는 분을 말한다.
3. 미주는 *로 표시하였다.
4. 화엄경 본문에서 장문 뒤의 게송은 앞에 설한 내용의 뜻을 거듭 간략히 설한 것으로, 앞의 내용을 찾아 참고하여 읽으면 그 흐름을 더 잘 이해할 수 있다. 예를 들면, 화엄경 37권 69쪽의 두 번째 연은 43쪽의 열 가지 역순으로 모든 연기를 관하는 까닭을 축약해 놓은 것임을 알 수 있다.

二十七 십정품 ③

佛子 云何爲菩薩摩訶薩 一切衆生差別身三昧 佛子 菩
薩摩訶薩 住此三昧 得十種無所着 何者 爲十 所謂於一
切刹 無所着 於一切方 無所着 於一切劫 無所着 於一切
衆 無所着 於一切法 無所着 於一切菩薩 無所着 於一切
菩薩願 無所着 於一切三昧 無所着 於一切佛 無所着 於
一切地 無所着 是爲十

8) 일체 중생의 차별된 몸의 삼매[一切衆生差別身三昧]

"불자들이여, 어떤 것을 보살마하살의 일체 중생의 차별된 몸의 삼매라 합니까?

불자들이여, 보살마하살이 이 삼매에 머물러 열 가지 집착하는 바가 없으니, 어떤 것을 열 가지라 합니까?

일체 세계에 집착하는 바가 없고, 일체 방위에 집착하는 바가 없으며, 일체 겁에 집착하는 바가 없고, 일체 대중에게 집착하는 바가 없으며, 일체 법에 집착하는 바가 없고, 일체 보살에게 집착하는 바가 없으며, 일체 보살의 서원에 집착하는 바가 없고, 일체 삼매에 집착하는 바가 없으며, 일체 부처님께 집착하는 바가 없고, 일체 지위에 집착하는 바가 없으니, 이것을 열 가지라 합니다.

佛子 菩薩摩訶薩 於此三昧 云何入 云何起 佛子 菩薩
摩訶薩 於此三昧 內身入 外身起 外身入 內身起 同身入
異身起 異身入 同身起 人身入 夜叉身起 夜叉身入 龍身
起 龍身入 阿修羅身起 阿修羅身入 天身起 天身入 梵王
身起 梵王身入 欲界身起 天中入 地獄起 地獄入 人間起
人間入 餘趣起 千身入 一身起 一身入 千身起 那由他身
入 一身起 一身入 那由他身起

불자들이여, 보살마하살이 이 삼매에 어떻게 들어가며 어떻게 일어납니까?

불자들이여, 보살마하살이 이 삼매에 안의 몸으로 들어가 밖의 몸으로 일어나고, 밖의 몸으로 들어가 안의 몸으로 일어나며, 같은 몸으로 들어가 다른 몸으로 일어나고, 다른 몸으로 들어가 같은 몸으로 일어나며, 인간의 몸으로 들어가 야차의 몸으로 일어나고, 야차의 몸으로 들어가 용의 몸으로 일어나며, 용의 몸으로 들어가 아수라의 몸으로 일어나고, 아수라의 몸으로 들어가 천상의 몸으로 일어나며, 천상의 몸으로 들어가 범왕의 몸으로 일어나고, 범왕의 몸으로 들어가 욕계의 몸으로 일어나며, 천상으로 들어가 지옥으로 일어나고, 지옥으로 들어가 인간으로 일어나며, 인간으로 들어가 나머지 취로 일어나고, 천 몸으로 들어가 한 몸으로 일어나며, 한 몸으로 들어가 천 몸으로 일어나고, 나유타 수의 몸으로 들어가 한 몸으로 일어나며, 한 몸으로 들어가 나유타 수의 몸으로 일어나고,

閻浮提衆生衆中入 西瞿陀尼衆生衆中起 西瞿陀尼衆生衆中入 北拘盧衆生衆中起 北拘盧衆生衆中入 東毘提訶衆生衆中起 東毘提訶衆生衆中入 三天下衆生衆中起 三天下衆生衆中入 四天下衆生衆中起 四天下衆生衆中入 一切海差別衆生衆中起 一切海差別衆生衆中入 一切海神衆中起 一切海神衆中入 一切海水大中起 一切海水大中入 一切海地大中起 一切海地大中入 一切海火大中起 一切海火大中入 一切海風大中起 一切海風大中入 一切四大種中起

염부제* 중생의 무리 가운데 들어가 서구타니* 중생의 무리 가운데 일어나며, 서구타니 중생의 무리 가운데 들어가 북구로* 중생의 무리 가운데 일어나고, 북구로 중생의 무리 가운데 들어가 동비제하* 중생의 무리 가운데 일어나며, 동비제하 중생의 무리 가운데 들어가 삼천하 중생의 무리 가운데 일어나고, 삼천하 중생의 무리 가운데 들어가 사천하 중생의 무리 가운데 일어나며, 사천하 중생의 무리 가운데 들어가 일체 바다의 차별된 중생의 무리 가운데 일어나고, 일체 바다의 차별된 중생의 무리 가운데 들어가 일체 바다 천제 대중 가운데 일어나며, 일체 바다 천제 대중 가운데 들어가 일체 바다 수대(水大) 가운데 일어나고, 일체 바다의 수대 가운데 들어가 일체 바다 지대(地大) 가운데 일어나며, 일체 바다 지대 가운데 들어가 일체 바다 화대(火大) 가운데 일어나고, 일체 바다 화대 가운데 들어가 일체 바다 풍대(風大) 가운데 일어나며, 일체 바다 풍대 가운데 들어가 일체 사대종(四大種) 가운데 일어나고,

一切四大種中入 無生法中起 無生法中入 妙高山中起 妙
高山中入 七寶山中起 七寶山中入 一切地種種稼穡樹林
黑山中起 一切地種種稼穡樹林黑山中入 一切妙香華寶
莊嚴中起 一切妙香華寶莊嚴中入 一切四天下下方上方一
切衆生受生中起 一切四天下下方上方一切衆生受生中入
小千世界衆生衆中起 小千世界衆生衆中入 中千世界衆生
衆中起 中千世界衆生衆中入 大千世界衆生衆中起 大千
世界衆生衆中入 百千億那由他三千大千世界衆生衆中起
百千億那由他三千大千世界衆生衆中入 無數世界衆生衆
中起

일체 사대종 가운데 들어가 남이 없는 법 가운데 일어나며, 남이 없는 법 가운데 들어가 수미산〔妙高山〕 가운데 일어나고, 수미산 가운데 들어가 칠보산 가운데 일어나며, 칠보산 가운데 들어가 일체 땅과 갖가지 농사와 나무숲과 흑산* 가운데 일어나고, 일체 땅과 갖가지 농사와 나무숲과 흑산 가운데 들어가 일체 묘한 향과 꽃과 보배로 장엄된 가운데 일어나며, 일체 묘한 향과 꽃과 보배로 장엄된 가운데 들어가 일체 사천하의 하방과 상방의 일체 중생이 태어나는 가운데 일어나고, 일체 사천하의 하방과 상방의 일체 중생이 태어나는 가운데 들어가 소천세계* 중생의 무리 가운데 일어나며, 소천세계 중생의 무리 가운데 들어가 중천세계* 중생의 무리 가운데 일어나고, 중천세계 중생의 무리 가운데 들어가 대천세계* 중생의 무리 가운데 일어나며, 대천세계 중생의 무리 가운데 들어가 백천억 나유타 수의 삼천대천세계 중생의 무리 가운데 일어나고, 백천억 나유타 수의 삼천대천세계 중생의 무리 가운데 들어가 무수 수의 세계 중생의 무리 가운데 일어나며,

無數世界眾生眾中入　無量世界眾生眾中起　無量世界眾生眾中入　無邊佛刹眾生眾中起　無邊佛刹眾生眾中入　無等佛刹眾生眾中起　無等佛刹眾生眾中入　不可數世界眾生眾中起　不可數世界眾生眾中入　不可稱世界眾生眾中起　不可稱世界眾生眾中入　不可思世界眾生眾中起　不可思世界眾生眾中入　不可量世界眾生眾中起　不可量世界眾生眾中入　不可說世界眾生眾中起　不可說世界眾生眾中入　不可說不可說世界眾生眾中起　不可說不可說世界眾生眾中入　雜染眾生眾中起

무수 수의 세계 중생의 무리 가운데 들어가 무량 수의 세계 중생의 무리 가운데 일어나고, 무량 수의 세계 중생의 무리 가운데 들어가 무변 수의 부처님세계 중생의 무리 가운데 일어나며, 무변 수의 부처님세계 중생의 무리 가운데 들어가 무등 수의 부처님세계 중생의 무리 가운데 일어나고, 무등 수의 부처님세계 중생의 무리 가운데 들어가 불가수 수의 세계 중생의 무리 가운데 일어나며, 불가수 수의 세계 중생의 무리 가운데 들어가 불가칭 수의 세계 중생의 무리 가운데 일어나고, 불가칭 수의 세계 중생의 무리 가운데 들어가 불가사 수의 세계 중생의 무리 가운데 일어나며, 불가사 수의 세계 중생의 무리 가운데 들어가 불가량 수의 세계 중생의 무리 가운데 일어나고, 불가량 수의 세계 중생의 무리 가운데 들어가 불가설 수의 세계 중생의 무리 가운데 일어나며, 불가설 수의 세계 중생의 무리 가운데 들어가 불가설불가설 수의 세계 중생의 무리 가운데 일어나고, 불가설불가설 수의 세계 중생의 무리 가운데 들어가 잡되게 물든 중생의 무리 가운데 일어나며,

雜染衆生衆中入 淸淨衆生衆中起 淸淨衆生衆中入 雜染
衆生衆中起 眼處入 耳處起 耳處入 眼處起 鼻處入 舌處
起 舌處入 鼻處起 身處入 意處起 意處入 身處起 自處
入 他處起 他處入 自處起 一微塵中入 無數世界微塵中
起 無數世界微塵中入 一微塵中起 聲聞入 獨覺起 獨覺
入 聲聞起 自身入 佛身起 佛身入 自身起 一念入 億劫起
億劫入 一念起 同念入 別時起 別時入 同念起

잡되게 물든 중생의 무리 가운데 들어가 청정한 중생의 무리 가운데 일어나고, 청정한 중생의 무리 가운데 들어가 잡되게 물든 중생의 무리 가운데 일어나며, 눈으로 들어가 귀로 일어나고, 귀로 들어가 눈으로 일어나며, 코로 들어가 혀로 일어나고, 혀로 들어가 코로 일어나며, 몸으로 들어가 뜻으로 일어나고, 뜻으로 들어가 몸으로 일어나며, 자신이 있는 곳으로 들어가 다른 곳으로 일어나고, 다른 곳으로 들어가 자신이 있는 곳으로 일어나며, 한 가는 티끌 가운데 들어가 셀 수 없는 세계 가는 티끌 가운데 일어나고, 셀 수 없는 세계 가는 티끌 가운데 들어가 한 가는 티끌 가운데 일어나며, 성문으로 들어가 독각으로 일어나고, 독각으로 들어가 성문으로 일어나며, 자신의 몸으로 들어가 부처님의 몸으로 일어나고, 부처님의 몸으로 들어가 자신의 몸으로 일어나며, 한 생각으로 들어가 억 겁으로 일어나고, 억 겁으로 들어가 한 생각으로 일어나며, 같은 생각으로 들어가 다른 때로 일어나고, 다른 때로 들어가 같은 생각으로 일어나며,

前際入 後際起 後際入 前際起 前際入 中際起 中際入
前際起 三世入 刹那起 刹那入 三世起 眞如入 言說起
言說入 眞如起 佛子 譬如有人 爲鬼所持 其身戰動 不能
自安 鬼不現身 令他身然 菩薩摩訶薩 住此三昧 亦復如
是 自身入定他身起 他身入定自身起

과거로 들어가 미래로 일어나고, 미래로 들어가 과거로 일어나며, 과거로 들어가 현재로 일어나고, 현재로 들어가 과거로 일어나며, 삼세로 들어가 찰나로 일어나고, 찰나로 들어가 삼세로 일어나며, 진여로 들어가 말하는 데로 일어나고, 말하는 데로 들어가 진여로 일어납니다.

불자들이여, 비유하면 어떤 사람이 귀신에 들려서 그 몸이 떨리어 스스로 편안하지 못하니, 귀신이 몸은 나타내지 않으면서도 다른 이의 몸을 그렇게 하는 것과 같이, 보살마하살이 이 삼매에 머무르는 것도 또한 다시 이와 같아서 자신의 몸으로 선정에 들어가 다른 이의 몸으로 일어나고 다른 이의 몸으로 선정에 들어가 자신의 몸으로 일어나기도 합니다.

佛子 譬如死屍 以呪力故 而能起行 隨所作事 皆得成就
屍之與呪 雖各差別 而能和合 成就彼事 菩薩摩訶薩 住
此三昧 亦復如是 同境入定異境起 異境入定同境起 佛
子 譬如比丘 得心自在 或以一身 作多身 或以多身 作一
身 非一身沒 多身生 非多身沒 一身生 菩薩摩訶薩 住此
三昧 亦復如是 一身入定多身起 多身入定一身起

불자들이여, 비유하면 죽은 송장이 주문의 힘으로 일어나 다니면서 짓는 일을 따라 모두 성취함을 얻으니, 송장과 주문이 비록 각각 다르나 화합하여 그 일을 성취하는 것과 같이, 보살마하살이 이 삼매에 머무르는 것도 또한 다시 이와 같아서 같은 경계로 선정에 들어가 다른 경계로 일어나고 다른 경계로 선정에 들어가 같은 경계로 일어납니다.

불자들이여, 비유하면 비구가 마음의 자재함을 얻어서 혹은 한 몸으로 여러 몸을 짓고 혹은 여러 몸으로 한 몸을 지으나, 한 몸을 멸하여 여러 몸을 내는 것도 아니고 여러 몸을 멸하여 한 몸을 내는 것도 아닌 것과 같이, 보살마하살이 이 삼매에 머무르는 것도 또한 다시 이와 같아서 한 몸으로 선정에 들어가 여러 몸으로 일어나기도 하고 여러 몸으로 선정에 들어가 한 몸으로 일어나기도 합니다.

佛子 譬如大地 其味一種 所生苗稼 種種味別 地雖無差
別 然味有殊異 菩薩摩訶薩 住此三昧 亦復如是 無所分
別 然有一種入定多種起 多種入定一種起 佛子 菩薩摩
訶薩 住此三昧 得十種稱讚法之所稱讚 何者 爲十 所謂
入眞如故 名爲如來 覺一切法故 名之爲佛 爲一切世間
所稱讚故 名爲法師 知一切法故 名一切智 爲一切世間
所歸依故 名所依處 了達一切法方便故 名爲導師 引一切
衆生 入薩婆若道故 名大導師

불자들이여, 비유하면 대지는 그 맛이 한 가지이지만 나는 곡식은 갖가지로 맛이 다르니, 땅은 비록 차별이 없으나 맛은 다름이 있는 것과 같이, 보살마하살이 이 삼매에 머무르는 것도 또한 다시 이와 같아서 분별하는 바가 없으나 한 가지로 선정에 들어가 여러 가지로 일어나고 여러 가지로 선정에 들어가 한 가지로 일어납니다.

불자들이여, 보살마하살이 이 삼매에 머물러 열 가지 칭찬하는 법으로 칭찬하는 바가 되니, 어떤 것을 열 가지라 합니까?

진여에 들어간 까닭으로 여래라 이름하고, 일체 법을 깨달은 까닭으로 부처라 이름하며, 일체 세간의 칭찬하는 바가 되는 까닭으로 법사라 이름하고, 일체 법을 아는 까닭으로 일체 지혜라 이름하며, 일체 세간이 귀의할 바가 되는 까닭으로 의지할 곳이라 이름하고, 일체 법의 방편을 요달하는 까닭으로 도사라 이름하며, 일체 중생을 이끌어 살바야의 도에 들어가게 하는 까닭으로 대도사라 이름하고,

爲一切世間燈故 名爲光明 心志圓滿 義利成就 所作皆
辦 住無礙智 分別了知一切諸法故 名爲十力 自在通達一
切法輪故 名一切見者 是爲十 佛子 菩薩摩訶薩 住此三
昧 復得十種光明照耀 何者 爲十 所謂得一切諸佛光明
與彼平等故 得一切世界光明 普能嚴淨故 得一切衆生光
明 悉往調伏故 得無量無畏光明 法界爲場演說故 得無
差別光明 知一切法 無種種性故 得方便光明 於一切法
離欲際 而證入故

일체 세간의 등불이 되는 까닭으로 광명이라 이름하며, 마음과 뜻이 원만하여 뜻의 이로움을 성취하고 짓는 바를 모두 판단하며 걸림 없는 지혜에 머물러 일체 모든 법을 분별하여 밝게 아는 까닭으로 십력이라 이름하고, 일체 법륜을 자재하게 통달하는 까닭으로 일체를 보는 이라 이름하니, 이것을 열 가지라 합니다.

불자들이여, 보살마하살이 이 삼매에 머물러 다시 열 가지 광명이 밝게 비춤을 얻으니, 어떤 것을 열 가지라 합니까?

일체 모든 부처님의 광명을 얻으니 그것과 더불어 평등한 까닭이고, 일체 세계의 광명을 얻으니 널리 깨끗하게 장엄하는 까닭이며, 일체 중생의 광명을 얻으니 모두 가서 조복시킨 까닭이고, 한량없고 두려움 없는 광명을 얻으니 법계를 도량으로 삼아 널리 펴 설하는 까닭이며, 차별이 없는 광명을 얻으니 일체 법의 갖가지 성품이 없음을 아는 까닭이고, 방편의 광명을 얻으니 일체 법의 욕심을 여읜 경계에 증득하여 들어가는 까닭이며,

得眞實光明 於一切法離欲際 心平等故 得徧一切世間神
變光明 蒙佛所加 恒不息故 得善思惟光明 到一切佛自在
岸故 得一切法眞如光明 於一毛孔中 善說一切故 是爲
十 佛子 菩薩摩訶薩 住此三昧 復得十種無所作 何者 爲
十 所謂身業無所作 語業無所作 意業無所作 神通無所
作 了法無性無所作 知業不壞無所作 無差別智無所作 無
生起智無所作 知法無滅無所作 隨順於文 不壞於義 無
所作 是爲十

참답고 실다운 광명을 얻으니 일체 법의 욕심을 여읜 경계에 마음이 평등한 까닭이고, 일체 세간에 두루한 신통변화의 광명을 얻으니 부처님께서 가피하신 바를 입고 항상 쉬지 않는 까닭이며, 잘 사유하는 광명을 얻으니 일체 부처님의 자재한 언덕에 이르르는 까닭이고, 일체 법이 진여인 광명을 얻으니 한 털구멍 가운데 일체를 잘 설하는 까닭이니, 이것을 열 가지라 합니다.

불자들이여, 보살마하살이 이 삼매에 머물러 다시 열 가지 지은 바 없음을 얻으니, 어떤 것을 열 가지라 합니까?

몸의 업에 지은 바 없고, 말의 업에 지은 바 없으며, 뜻의 업에 지은 바 없고, 신통에 지은 바 없으며, 법이 성품이 없음을 알아 지은 바 없고, 업이 무너지지 않음을 알아 지은 바 없으며, 차별이 없는 지혜에 지은 바 없고, 일어남이 없는 지혜에 지은 바 없으며, 법이 멸하지 않음을 알아 지은 바 없고, 글을 수순하되 뜻이 무너지지 않음에 지은 바 없으니, 이 것을 열 가지라 합니다.

佛子 菩薩摩訶薩 住此三昧 無量境界 種種差別 所謂一
入多起 多入一起 同入異起 異入同起 細入麤起 麤入細
起 大入小起 小入大起 順入逆起 逆入順起 無身入有身
起 有身入無身起 無相入有相起 有相入無相起 起中入入
中起 如是 皆是此之三昧 自在境界

불자들이여, 보살마하살이 이 삼매에 머물러 한량없는 경계가 갖가지로 차별되니, 하나로 들어가 여럿으로 일어나고 여럿으로 들어가 하나로 일어나며, 같은 데로 들어가 다른 데로 일어나고 다른 데로 들어가 같은 데로 일어나며, 미세한 데로 들어가 거친 데로 일어나고 거친 데로 들어가 미세한 데로 일어나며, 큰 데로 들어가 작은 데로 일어나고 작은 데로 들어가 큰 데로 일어나며, 따르는 데로 들어가 거스르는 데로 일어나고 거스르는 데로 들어가 따르는 데로 일어나며, 몸이 없는 데로 들어가 몸이 있는 데로 일어나고 몸이 있는 데로 들어가 몸이 없는 데로 일어나며, 상이 없는 데로 들어가 상이 있는 데로 일어나고 상이 있는 데로 들어가 상이 없는 데로 일어나며, 일어나는 가운데 들어가고 들어가는 가운데 일어나니, 이와 같은 것이 모두 이 삼매의 자재한 경계입니다.

佛子　譬如幻師　持呪得成　能現種種差別形相　呪與幻別
而能作幻　呪唯是聲　而能幻作　眼識所知種種諸色　耳識
所知種種諸聲　鼻識所知種種諸香　舌識所知種種諸味　身
識所知種種諸觸　意識所知種種境界　菩薩摩訶薩　住此三
昧　亦復如是　同中入定異中起　異中入定同中起　佛子　譬
如三十三天　共阿修羅鬪戰之時　諸天　得勝　修羅　退衄　阿
修羅王　其身長大　七百由旬　四兵圍遶　無數千萬　以幻術
力　將諸軍衆　同時走入藕絲孔中

불자들이여, 비유하면 요술사가 주문을 외워 이루어서 갖가지 차별된 형상을 나타내니 주문과 요술은 다르지만 능히 요술을 만들어내고, 주문은 다만 소리일 뿐이지만 눈의 작용으로 아는 갖가지 모든 색과 귀의 작용으로 아는 갖가지 모든 소리와 코의 작용으로 아는 갖가지 모든 향기와 혀의 작용으로 아는 갖가지 모든 맛과 몸의 작용으로 아는 갖가지 모든 닿음과 뜻의 작용으로 아는 갖가지 경계를 요술로 만드는 것과 같이, 보살마하살이 이 삼매에 머무르는 것도 또한 다시 이와 같아서 같은 가운데 선정에 들어가 다른 가운데 일어나며 다른 가운데 선정에 들어가 같은 가운데 일어납니다.

불자들이여, 비유하면 삼십삼천이 아수라와 싸울 때에 모든 천상이 이기고 아수라가 패하니, 그 몸이 칠백유순으로 장대한 아수라왕이 수없는 천만의 네 가지 병사*를 에워싼 채 요술의 힘으로 모든 군사의 무리를 거느리고 동시에 달아나다가 연뿌리의 실 구멍 가운데 들어가는 것과 같이,

菩薩摩訶薩 亦復如是 已善成就諸幻智地 幻智 卽是菩
薩 菩薩 卽是幻智 是故 能於無差別法中入定 差別法中
起 差別法中入定 無差別法中起 佛子 譬如農夫 田中下
種 種子在下 果生於上 菩薩摩訶薩 住此三昧 亦復如是
一中入定多中起 多中入定一中起 佛子 譬如男女 赤白和
合 或有衆生 於中受生 爾時 名爲歌羅邏位 從此次第住
母胎中 滿足十月 善業力故 一切肢分 皆得成就 諸根不
缺 心意明了

보살마하살도 또한 다시 이와 같아서 이미 모든 환의 지혜의 지위를 성취하니 환의 지혜는 곧 보살이고 보살은 곧 환의 지혜인 까닭으로 차별 없는 법 가운데 선정에 들어가 차별된 법 가운데 일어나며 차별된 법 가운데 선정에 들어가 차별 없는 법 가운데 일어납니다.

불자들이여, 비유하면 농부가 밭 가운데 종자를 심으면 종자는 아래에 있고 열매는 위에서 생기듯이, 보살마하살이 이 삼매에 머무르는 것도 또한 다시 이와 같아서 하나 가운데 선정에 들어가 여럿 가운데 일어나며, 여럿 가운데 선정에 들어가 하나 가운데 일어납니다.

불자들이여, 비유하면 남녀의 붉은 것과 흰 것이 화합하여 혹 어떤 중생이 그 가운데 수생하면 이때를 가라라(歌羅邏)의 지위라 이름하고, 그로부터 차례로 모태 가운데 머물러 열 달이 차면 착한 업의 힘으로 일체 사지가 완성되어서 모든 근이 결함이 없고 마음과 의식이 분명해지니,

其歌羅邏 與彼六根 體狀各別 以業力故 而能令彼 次第
成就 受同異類 種種果報 菩薩摩訶薩 亦復如是 從一切
智歌羅邏位 信解願力 漸次增長 其心廣大 任運自在 無
中入定有中起 有中入定無中起 佛子 譬如龍宮 依地而立
不依虛空 龍依宮住 亦不在空 而能興雲 徧滿空中 有人
仰視 所見宮殿 當知皆是乾闥婆城 非是龍宮 佛子 龍雖
處下 而雲布上

그 가라라가 저 육근과 더불어 몸의 형상이 각각 달라지는 것은 업의 힘인 까닭이며 그로 하여금 차례로 성취하게 하여 같고 다른 종류의 갖가지 과보를 받는 것과 같습니다.

보살마하살도 또한 다시 이와 같아서 일체 지혜의 가라라의 지위로부터 믿는 지혜와 원력이 점차 더욱 더하니, 그 마음이 광대하고 뜻대로 자재하여서 없는 가운데 선정에 들어가 있는 가운데 일어나며 있는 가운데 선정에 들어가 없는 가운데 일어납니다.

불자들이여, 비유하면 용의 궁전은 땅을 의지해 세운 것이어서 허공을 의지한 것도 아니고, 용은 궁전을 의지해 머물러서 또한 허공에 있는 것도 아니되 구름을 일으키니 허공 가운데 두루 가득하여, 어떤 이가 우러러 보면 보이는 궁전이 모두 건달바성*이고 용궁이 아님을 아는 것과 같습니다.

불자들이여, 용은 비록 아래에 있으나 구름을 위에 펼친 것입니다.

菩薩摩訶薩 住此三昧 亦復如是 於無相入有相起 於有
相入無相起 佛子 譬如妙光大梵天王 所住之宮 名一切世
間最勝清淨藏 此大宮中 普見三千大千世界諸四天下 天
宮 龍宮 夜叉宮 乾闥婆宮 阿修羅宮 迦樓羅宮 緊那羅宮
摩睺羅伽宮 人間住處 及三惡道 須彌山等種種諸山 大海
江河 陂澤泉源 城邑聚落 樹林衆寶 如是一切種種莊嚴
盡大輪圍 所有邊際 乃至空中微細遊塵 莫不皆於梵宮顯
現 如於明鏡 見其面像

보살마하살이 이 삼매에 머무르는 것도 또한 다시 이와 같아서 상이 없는 데로 들어가 상이 있는 데로 일어나며 상이 있는 데로 들어가 상이 없는 데로 일어납니다.

　불자들이여, 비유하면 묘광대범천왕이 머무르는 궁전을 이름하여 일체 세간에서 가장 뛰어나고 청정한 보배장이라 하니, 이 큰 궁전 가운데 삼천대천세계 모든 사천하의 천궁과 용궁과 야차궁과 건달바궁과 아수라궁과 가루라궁과 긴나라궁과 마후라가궁과 인간이 머무르는 곳과 삼악도와 수미산 등 갖가지 모든 산과 큰 바다와 강과 하천과 못과 샘과 성읍과 취락과 나무숲과 여러 보배와 이와 같은 일체 갖가지 장엄이 두루 보이며, 큰 윤위산의 끝 간 데와 더 나아가서 허공 가운데 떠도는 미세한 티끌까지 다 범궁에 나타나지 않음이 없듯이 마치 밝은 거울에서 그 얼굴을 보는 것과 같습니다.

菩薩摩訶薩 住此一切衆生差別身大三昧 知種種刹 見種
種佛 度種種衆 證種種法 成種種行 滿種種解 入種種三
昧 起種種神通 得種種智慧 住種種刹那際 佛子 此菩薩
摩訶薩 到十種神通彼岸 何者 爲十 所謂到諸佛盡虛空
徧法界神通彼岸 到菩薩究竟無差別自在神通彼岸 到能發
起菩薩廣大行願 入如來門佛事神通彼岸 到能震動一切
世界 一切境界 悉令淸淨神通彼岸 到能自在知一切衆生
不思議業果 皆如幻化神通彼岸

보살마하살이 이 일체 중생의 차별된 몸의 큰 삼매에 머물러서 갖가지 세계를 알고, 여러 부처님을 뵈오며, 갖가지 중생을 제도하고, 갖가지 법을 증득하며, 갖가지 행을 이루고, 갖가지 앎을 만족하며, 갖가지 삼매에 들어가고, 갖가지 신통을 일으키며, 갖가지 지혜를 얻고, 갖가지 찰나의 경계에 머무릅니다.

불자들이여, 이 보살마하살이 열 가지 신통의 피안에 이르르니, 어떤 것을 열 가지라 합니까?

모든 부처님의 온 허공 법계에 두루한 신통의 피안에 이르르고, 보살의 구경에 차별 없이 자재한 신통의 피안에 이르르며, 보살의 광대한 서원행을 일으켜 여래의 문에 들어가 불사를 하는 신통의 피안에 이르르고, 일체 세계를 진동하여 일체 경계를 모두 청정하게 하는 신통의 피안에 이르르며, 일체 중생의 부사의한 업과가 모두 환화와 같음을 자재하게 아는 신통의 피안에 이르르고,

到能自在知諸三昧 麤細入出差別相神通彼岸 到能勇猛入
如來境界 而於其中 發生大願神通彼岸 到能化作佛 化
轉法輪 調伏眾生 令生佛種 令入佛乘 速得成就神通彼
岸 到能了知不可說一切祕密文句 而轉法輪 令百千億那
由他不可說不可說法門 皆得清淨神通彼岸 到不假晝夜
年月劫數 一念 悉能三世示現神通彼岸 是爲十 佛子 是
名菩薩摩訶薩 第八一切眾生差別身大三昧善巧智

모든 삼매의 거칠고 미세함과 들고 남의 차별된 상을 자재하게 아는 신통의 피안에 이르르며, 여래의 경계에 용맹하게 들어가 그 가운데 대원을 내는 신통의 피안에 이르고, 부처님을 화현으로 만들고 법륜을 화하여 굴리며 중생을 조복시켜서 부처 종자를 내게 하고 불승(佛乘)에 들어가게 하여 빠르게 성취하는 신통의 피안에 이르르며, 불가설 수의 일체 비밀한 글귀를 밝게 알아 법륜을 굴려서 백천억 나유타 불가설불가설 수의 법문으로 다 청정하게 하는 신통의 피안에 이르고, 낮과 밤과 해와 달과 겁의 수를 빌리지 않고 온통인 생각에 삼세를 모두 나타내 보이는 신통의 피안에 이르르니, 이것을 열 가지라 합니다.

불자들이여, 이것을 보살마하살의 여덟째 일체 중생의 차별된 몸의 큰 삼매의 공교한 지혜라 이름합니다.

佛子 云何爲菩薩摩訶薩 法界自在三昧 佛子 此菩薩摩訶

薩 於自眼處 乃至意處 入三昧 名法界自在 菩薩 於自身

一一毛孔中 入此三昧 自然能知諸世間 知諸世間法 知諸

世界 知億那由他世界 知阿僧祇世界 知不可說佛刹微塵

數世界 見一切世界中 有佛出興 菩薩衆會 悉皆充滿 光

明清淨 淳善無雜 廣大莊嚴 種種衆寶 以爲嚴飾

9) 법계에 자재하는 큰 삼매[法界自在大三昧]

불자들이여, 어떤 것을 보살마하살의 법계에 자재하는 삼매라 합니까?

불자들이여, 이 보살마하살이 자신의 눈[眼處]으로부터 뜻[意處]에 이르기까지 삼매에 들어감을 법계에 자재하는 것이라 이름합니다.

보살이 자신의 몸의 낱낱 털구멍 가운데 이 삼매에 들면 저절로 모든 세간을 알고, 모든 세간의 법을 알며, 모든 세계를 알고, 억 나유타 수의 세계를 알며, 아승기 수의 세계를 알고, 불가설 수의 부처님세계 가는 티끌 수만큼의 세계를 아니, 일체 세계 가운데 부처님께서 출현하시고, 보살의 대중 모임이 모두 충만하며, 청정한 광명이 잡됨이 없이 맑고 선하여 광대하게 장엄하고, 갖가지 여러 보배로 장엄하게 꾸민 것을 봅니다.

菩薩 於彼 或一劫 百劫 千劫 億劫 百千億那由他劫 無
數劫 無量劫 無邊劫 無等劫 不可數劫 不可稱劫 不可思
劫 不可量劫 不可說劫 不可說不可說劫 不可說不可說佛
利微塵數劫 修菩薩行 常不休息 又於如是無量劫中 住此
三昧 亦入亦起 亦成就世界 亦調伏衆生 亦徧了法界 亦
普知三世 亦演說諸法 亦現大神通種種方便 無着無礙

보살이 저곳에서 혹은 일 겁과 백 겁과 천 겁과 억 겁과 백천억 나유타 수의 겁과 무수 수의 겁과 무량 수의 겁과 무변 수의 겁과 무등 수의 겁과 불가수 수의 겁과 불가칭 수의 겁과 불가사 수의 겁과 불가량 수의 겁과 불가설 수의 겁과 불가설불가설 수의 겁과 불가설불가설 수의 부처님세계 가는 티끌 수만큼의 겁 동안 보살의 행을 닦는 것을 항상 쉬지 않습니다.

또 이와 같이 한량없는 겁 가운데 이 삼매에 머물러 또한 들어가고, 또한 일어나며, 또한 세계를 성취하고, 또한 중생을 조복시키며, 또한 법계를 널리 깨닫고, 또한 삼세를 널리 알며, 또한 모든 법을 널리 펴 설하고, 또한 큰 신통으로 갖가지 방편을 나타내되, 집착함도 없으며 걸림도 없습니다.

以於法界 得自在故 善分別眼 善分別耳 善分別鼻 善分
別舌 善分別身 善分別意 如是種種差別不同 悉善分別
盡其邊際 菩薩 如是善知見已 能生起十千億陀羅尼法光
明 成就十千億清淨行 獲得十千億諸根 圓滿十千億神
通 能入十千億三昧 成就十千億神力 長養十千億諸力 圓
滿十千億深心 運動十千億力持 示現十千億神變 具足
十千億菩薩無礙 圓滿十千億菩薩助道 積集十千億菩薩
藏 照明十千億菩薩方便 演說十千億諸義 成就十千億諸
願 出生十千億廻向 淨治十千億菩薩正位

법계에 자재함을 얻은 까닭으로 눈으로 잘 분별하고, 귀로 잘 분별하며, 코로 잘 분별하고, 혀로 잘 분별하며, 몸으로 잘 분별하고, 뜻으로 잘 분별하며, 이와 같이 갖가지로 차별하여 같지 않음을 모두 잘 분별하여 그 끝 간 데까지 다합니다.

보살이 이와 같이 잘 알고 보고 나서는 십천억 다라니 법의 광명을 일으키고, 십천억 청정한 행을 성취하며, 십천억 모든 근을 얻고, 십천억 신통을 원만히 하며, 십천억 삼매에 들어가고, 십천억 위신력을 성취하며, 십천억 모든 힘을 기르고, 십천억 깊은 마음을 원만히 하며, 십천억 지닌 힘을 움직여 쓰고, 십천억 신통변화를 나타내 보이며, 십천억 보살의 걸림 없음을 구족하고, 십천억 보살의 도를 돕는 일을 원만히 하며, 십천억 보살의 보배장을 모으고, 십천억 보살의 방편을 밝게 비추며, 십천억 모든 뜻을 널리 펴 설하고, 십천억 모든 원을 성취하며, 십천억 회향을 내고, 십천억 보살의 정위(正位)를 깨끗하게 다스리며,

明了十千億法門 開示十千億演說 修治十千億菩薩淸淨
佛子 菩薩摩訶薩 復有無數功德 無量功德 無邊功德 無
等功德 不可數功德 不可稱功德 不可思功德 不可量功
德 不可說功德 無盡功德 佛子 此菩薩 於如是功德 皆已
辦具 皆已積集 皆已莊嚴 皆已淸淨 皆已瑩徹 皆已攝受
皆能出生 皆可稱歎 皆得堅固 皆已成就

십천억 법문을 밝게 알고, 십천억 널리 펴 설함을 열어 보이며, 십천억 보살의 청정함을 닦아 다스립니다.

불자들이여, 보살마하살이 다시 무수 수의 공덕과 무량 수의 공덕과 무변 수의 공덕과 무등 수의 공덕과 불가수 수의 공덕과 불가칭 수의 공덕과 불가사 수의 공덕과 불가량 수의 공덕과 불가설 수의 공덕과 무진 수의 공덕이 있습니다.

불자들이여, 이 보살이 이와 같은 공덕을 이미 모두 힘써 갖추었고, 이미 모두 모았으며, 이미 모두 장엄하였고, 이미 모두 청정하게 하였으며, 이미 모두 밝게 통하였고, 이미 모두 거두어 받아들였으며, 모두 출생하고, 모두 칭찬하여 찬탄하며, 모두 견고하게 하고, 이미 모두 성취하였습니다.

佛子 菩薩摩訶薩 住此三昧 爲東方十千阿僧祇佛刹微塵
數名號諸佛之所攝受 一一名號 復有十千阿僧祇佛刹微
塵數佛 各各差別 如東方 南西北方 四維上下 亦復如是
彼諸佛 悉現其前 爲現諸佛清淨刹 爲說諸佛無量身 爲
說諸佛難思眼 爲說諸佛無量耳 爲說諸佛清淨鼻 爲說諸
佛清淨舌 爲說諸佛無住心 爲說如來無上神通 令修如來
無上菩提 令得如來清淨音聲 開示如來不退法輪 顯示如
來無邊衆會

불자들이여, 보살마하살이 이 삼매에 머물러 동방으로 십천 아승기 수의 부처님세계 가는 티끌 수만큼의 명호의 모든 부처님께서 거두어 주시는 바가 되고, 낱낱 명호마다 다시 십천 아승기 수의 부처님세계 가는 티끌 수만큼의 부처님께서 계시어 각각 차별되니, 동방과 같이 남방과 서방과 북방과 네 간방과 상방과 하방도 또한 다시 이와 같습니다.

저 모든 부처님께서 다 그 앞에 나타나서 모든 부처님의 청정한 세계를 나타내고, 모든 부처님의 한량없는 몸을 설하며, 모든 부처님의 헤아리기 어려운 눈을 설하고, 모든 부처님의 한량없는 귀를 설하며, 모든 부처님의 청정한 코를 설하고, 모든 부처님의 청정한 혀를 설하며, 모든 부처님의 머무름 없는 마음을 설하고, 여래의 위 없는 신통을 설하고, 여래의 위 없는 보리를 닦게 하며, 여래의 청정한 음성을 얻게 하고, 여래의 물러나지 않는 법륜을 열어 보이며, 여래의 끝없는 대중 모임을 나타내 보이고,

令入如來無邊祕密　讚歎如來一切善根　令入如來平等之
法　宣說如來三世種性　示現如來無量色相　闡揚如來護念
之法　演暢如來微妙法音　辯明一切諸佛世界　宣揚一切諸
佛三昧　示現諸佛衆會次第　護持諸佛不思議法　說一切法
猶如幻化　明諸法性　無有動轉　開示一切無上法輪　讚美如
來無量功德　令入一切諸三昧雲　令知其心　如幻如化　無
邊無盡

여래의 끝없는 비밀에 들어가게 하며, 여래의 일체 선근을 찬탄하고, 여래의 평등한 법에 들어가게 하며, 여래의 삼세 종자 성품을 널리 펴 설하고, 여래의 한량없는 색상을 나타내 보이며, 여래께서 호념하시는 법을 드러내 밝히고, 여래의 미묘한 법의 음성으로 설하여 널리 펴며, 일체 모든 부처님의 세계를 밝게 분별하고, 일체 모든 부처님의 삼매를 널리 펴 드날리며, 모든 부처님의 대중 모임을 차례로 나타내 보이고, 모든 부처님의 부사의한 법을 보호하여 지니며, 일체 법이 마치 환화와 같음을 설하고, 모든 법의 성품이 움직여 바뀌지 않음을 밝히며, 일체 위 없는 법륜을 열어 보이고, 여래의 한량없는 공덕을 찬탄하며, 일체 모든 삼매의 구름에 들어가게 하고, 그 마음이 환과 같고 화함과 같아서 끝없고 다함이 없음을 알게 합니다.

佛子 菩薩摩訶薩 住此法界自在三昧時 彼十方各十千阿
僧祇佛刹微塵數名號如來 一一名中 各有十千阿僧祇佛
刹微塵數佛 同時護念 令此菩薩 得無邊身 令此菩薩 得
無礙心 令此菩薩 於一切法 得無忘念 令此菩薩 於一切
法 得決定慧 令此菩薩 轉更聰敏 於一切法 皆能領受 令
此菩薩 於一切法 悉能明了 令此菩薩 諸根猛利 於神通
法 悉得善巧 令此菩薩 境界無礙 周行法界 恒不休息 令
此菩薩 得無礙智 畢竟清淨 令此菩薩 以神通力 一切世
界 示現成佛

불자들이여, 보살마하살이 이 법계에 자재한 삼매에 머무를 때에 저 시방으로 각각 십천 아승기 수의 부처님세계 가는 티끌 수만큼의 명호의 여래와 낱낱의 이름 가운데 각각 십천 아승기 수의 부처님세계 가는 티끌 수만큼의 부처님께서 동시에 호념하여 이 보살로 하여금 끝없는 몸을 얻게 하고, 이 보살로 하여금 걸림 없는 마음을 얻게 하며, 이 보살로 하여금 일체 법에 잊어버림이 없는 생각을 얻게 하고, 이 보살로 하여금 일체 법에 결정한 지혜를 얻게 하며, 이 보살로 하여금 더욱더 총명하고 민첩하여 일체 법을 다 받아들이게 하고, 이 보살로 하여금 일체 법에 다 명료하게 하며, 이 보살로 하여금 모든 근이 뛰어나고 예리하여 신통의 법에 다 공교함을 얻게 하고, 이 보살로 하여금 경계에 걸림 없어 법계에 두루 다니기를 항상 쉬지 않게 하며, 이 보살로 하여금 걸림 없는 지혜를 얻어 끝내 청정하게 하고, 이 보살로 하여금 신통력으로 일체 세계에서 성불함을 나타내 보이게 합니다.

佛子 菩薩摩訶薩 住此三昧 得十種海 何者 爲十 所謂得
諸佛海 咸睹見故 得衆生海 悉調伏故 得諸法海 能以智
慧 悉了知故 得諸刹海 以無性無作神通 皆往詣故 得功
德海 一切修行 悉圓滿故 得神通海 能廣示現 令開悟故
得諸根海 種種不同 悉善知故 得諸心海 知一切衆生 種
種差別無量心故 得諸行海 能以願力 悉圓滿故 得諸願
海 悉使成就 永淸淨故

불자들이여, 이 보살마하살이 이 삼매에 머물러 열 가지 바다를 얻으니, 어떤 것을 열 가지라 합니까?

　모든 부처님 바다를 얻으니 다 보는 까닭이고, 중생 바다를 얻으니 다 조복시키는 까닭이며, 모든 법 바다를 얻으니 지혜로써 다 아는 까닭이고, 모든 세계 바다를 얻으니 성품도 없고 지음도 없는 신통으로 다 이르르는 까닭이며, 공덕 바다를 얻으니 일체의 수행을 다 원만하게 하는 까닭이고, 신통 바다를 얻으니 널리 나타내보여 깨닫게 하는 까닭이며, 모든 근기 바다를 얻으니 갖가지 같지 않음을 다 잘 아는 까닭이고, 모든 마음 바다를 얻으니 일체 중생의 갖가지 차별과 한량없는 마음을 아는 까닭이며, 모든 행 바다를 얻으니 원력으로써 다 원만하게 하는 까닭이고, 모든 서원 바다를 얻으니 다 성취하여 영원히 청정하게 하는 까닭입니다.

佛子 菩薩摩訶薩 得如是十種海已 復得十種殊勝 何等
爲十 一者 於一切衆生中 最爲第一 二者 於一切諸天中
最爲殊特 三者 於一切梵王中 最極自在 四者 於諸世間
無所染着 五者 一切世間 無能映蔽 六者 一切諸魔 不能
惑亂 七者 普入諸趣 無所罣礙 八者 處處受生 知不堅固
九者 一切佛法 皆得自在 十者 一切神通 悉能示現

불자들이여, 보살마하살이 이와 같은 열 가지 바다를 얻고 나서는 다시 열 가지 수승함을 얻으니, 어떤 것을 열 가지라 합니까?

첫째는 일체 중생 가운데 가장 제일인 것이고, 둘째는 일체 모든 천상 가운데 가장 뛰어난 것이며, 셋째는 일체 범왕 가운데 가장 극히 자재한 것이고, 넷째는 모든 세간에 물들거나 집착하는 바가 없는 것이며, 다섯째는 일체 세간이 덮어 가릴 수 없는 것이고, 여섯째는 일체 모든 마군이 미혹하게 하지 못하는 것이며, 일곱째는 모든 취에 두루 들어가되 걸릴 바가 없는 것이고, 여덟째는 곳곳에 수생하나 견고하지 않음을 아는 것이며, 아홉째는 일체 불법에 모두 자재함을 얻는 것이고, 열째는 일체 신통을 모두 나타내 보이는 것입니다.

佛子 菩薩摩訶薩 得如是十種殊勝已 復得十種力 於衆
生界 修習諸行 何等 爲十 一 謂勇健力 調伏世間故 二
謂精進力 恒不退轉故 三 謂無着力 離諸垢染故 四 謂寂
靜力 於一切法 無諍論故 五 謂逆順力 於一切法 心自在
故 六 謂法性力 於諸義中 得自在故 七 謂無礙力 智慧廣
大故 八 謂無畏力 能說諸法故 九 謂辯才力 能持諸法故
十 謂開示力 智慧無邊故

불자들이여, 보살마하살이 이와 같은 열 가지 수승함을 얻고 나서는 다시 열 가지 힘을 얻어 중생 세계에서 모든 행을 닦아 익히니, 어떤 것을 열 가지라 합니까?

첫째는 용맹한 힘이니 세간을 조복시키는 까닭이고, 둘째는 정진하는 힘이니 항상 퇴전하지 않는 까닭이며, 셋째는 집착이 없는 힘이니 모든 물든 때를 여읜 까닭이고, 넷째는 적정(寂靜)의 힘이니 일체 법에 다툼이 없는 까닭이며, 다섯째는 역순(逆順)의 힘이니 일체 법에 마음을 자재하는 까닭이고, 여섯째는 법성의 힘이니 모든 뜻 가운데 자재함을 얻는 까닭이며, 일곱째는 걸림이 없는 힘이니 지혜가 광대한 까닭이고, 여덟째는 두려움이 없는 힘이니 모든 법을 설하는 까닭이며, 아홉째는 변재의 힘이니 모든 법을 지니는 까닭이고, 열째는 열어 보이는 힘이니 지혜가 끝없는 까닭입니다.

佛子 此十種力 是廣大力 最勝力 無能摧伏力 無量力 善
集力 不動力 堅固力 智慧力 成就力 勝定力 淸淨力 極淸
淨力 法身力 法光明力 法燈力 法門力 無能壞力 極勇猛
力 大丈夫力 善丈夫修習力 成正覺力 過去積集善根力
安住無量善根力 住如來力力 心思惟力 增長菩薩歡喜力
出生菩薩淨信力 增長菩薩勇猛力 菩提心所生力 菩薩淸
淨深心力 菩薩殊勝深心力 菩薩善根熏習力 究竟諸法力
無障礙身力 入方便善巧法門力

불자들이여, 이 열 가지 힘은 광대한 힘이고, 가장 뛰어난 힘이며, 꺾을 수 없는 힘이고, 한량없는 힘이며, 잘 모으는 힘이고, 움직이지 않는 힘이며, 견고한 힘이고, 지혜의 힘이며, 성취하는 힘이고, 뛰어난 선정의 힘이며, 청정한 힘이고, 지극히 청정한 힘이며, 법신의 힘이고, 법의 광명의 힘이며, 법의 등불의 힘이고, 법문의 힘이며, 무너뜨릴 수 없는 힘이고, 지극히 용맹한 힘이며, 대장부의 힘이고, 훌륭한 장부의 닦아 익히는 힘이며, 정각을 이루는 힘이고, 과거에 선근을 모은 힘이며, 한량없는 선근에 편안히 머무르는 힘이고, 여래의 힘에 머무르는 힘이며, 마음으로 사유하는 힘이고, 보살의 환희를 더욱 더하는 힘이며, 보살의 깨끗한 믿음을 내는 힘이고, 보살의 용맹함을 더욱 더하는 힘이며, 보리심으로 생기는 힘이고, 보살의 청정하고 깊은 마음의 힘이며, 보살의 수승하고 깊은 마음의 힘이고, 보살의 선근을 훈습하는 힘이며, 구경의 모든 법의 힘이고, 장애가 없는 몸의 힘이며, 방편으로 공교한 법문에 들어가는 힘이고,

淸淨妙法力 安住大勢 一切世間 不能傾動力 一切衆生
無能映蔽力 佛子 此菩薩摩訶薩 於如是無量功德法 能
生 能成就 能圓滿 能照明 能具足 能徧具足 能廣大 能
堅固 能增長 能淨治 能徧淨治 此菩薩 功德邊際 智慧邊
際 修行邊際 法門邊際 自在邊際 苦行邊際 成就邊際 淸
淨邊際 出離邊際 法自在邊際 無能說者 此菩薩 所獲得
所成就 所趣入 所現前 所有境界 所有觀察 所有證入 所
有淸淨 所有了知 所有建立 一切法門 於不可說劫 無能
說盡

청정하고 묘한 법의 힘이며, 큰 세력에 편안히 머물러 일체 세간이 흔들지 못하는 힘이고, 일체 중생이 덮어 가릴 수 없는 힘입니다.

불자들이여, 이 보살마하살이 이와 같은 한량없는 공덕의 법을 내고, 성취하며, 원만히 하고, 밝게 비추며, 구족하고, 두루 구족하며, 광대하게 하고, 견고하게 하며, 더욱 더하고, 깨끗하게 다스리며, 두루 깨끗하게 다스립니다.

이 보살의 공덕의 끝 간 데와 지혜의 끝 간 데와 닦아 행함의 끝 간 데와 법문의 끝 간 데와 자재의 끝 간 데와 고행의 끝 간 데와 성취의 끝 간 데와 청정함의 끝 간 데와 벗어남의 끝 간 데와 법에 자재함의 끝 간 데를 능히 설할 이가 없습니다.

이 보살의 얻은 바와 성취한 바와 나아가 들어간 바와 앞에 나타난 바와 경계가 있는 바와 관찰하는 바와 증득하는 바와 청정한 바와 분명히 아는 바와 건립하는 바의 일체 법문을 불가설 수의 겁 동안에도 다 설할 수 없습니다.

佛子 菩薩摩訶薩 住此三昧 能了知 無數 無量 無邊 無等 不可數 不可稱 不可思 不可量 不可說 不可說 不可說一切三昧 彼一一三昧 所有境界 無量廣大 於境界中 若入 若起 若住 所有相狀 所有示現 所有行處 所有等流 所有自性 所有除滅 所有出離 如是一切 靡不明見 佛子 譬如無熱惱大龍王宮 流出四河 無濁無雜 無有垢穢 光色清淨 猶如虛空

불자들이여, 보살마하살이 이 삼매에 머물러 무수, 무량, 무변, 무등, 불가수, 불가칭, 불가사, 불가량, 불가설, 불가설불가설 수의 일체 삼매를 분명히 압니다.

저 낱낱 삼매의 모든 경계가 한량없이 광대하여 저 경계 가운데 들어가고 일어나며 머무르니, 모든 형상과 모든 나타내 보임과 모든 행하는 곳과 모든 평등한 흐름과 모든 자성과 모든 멸하여 없앰과 모든 벗어남과 이와 같은 일체를 모두 분명하게 보지 못함이 없습니다.

불자들이여, 비유하면 무열뇌대용왕의 궁전에서 네 개의 강이 흘러나오는데 탁함이 없고 잡됨이 없으며 더러움도 없어 청정한 광채가 마치 허공과 같습니다.

其池四面 各有一口 一一口中 流出一河 於象口中 出恒伽
河 獅子口中 出私陀河 於牛口中 出信度河 於馬口中 出
縛芻河 其四大河流出之時 恒伽河口 流出銀沙 私陀河
口 出金剛沙 信度河口 流出金沙 縛芻 河口 出琉璃沙 恒
伽河口 作白銀色 私陀河口 作金剛色 信度河口 作黃金
色 縛芻河口 作琉璃色 一一河口 廣 一由旬 其四大河 既
流出已 各共圍遶大池七匝 隨其方面 四向分流 潨涌奔馳
入於大海

그 못의 네 방향에 각각 한 개의 어귀가 있어 낱낱 어귀마다 하나의 강이 흘러나오는데, 코끼리 어귀 가운데 항가강이 흘러나오고, 사자의 어귀 가운데 사타강이 흘러나오며, 소의 어귀 가운데 신도강이 흘러나오고, 말의 어귀 가운데 박추강이 흘러나옵니다.

그 네 개의 큰 강이 흘러나올 때에 항가강 어귀에서는 은모래가 흘러나오고, 사타강 어귀에서는 금강모래가 흘러나오며, 신도강 어귀에서는 금모래가 흘러나오고, 박추강 어귀에서는 유리모래가 흘러나옵니다.

항가강 어귀는 백은색을 짓고, 사타강 어귀는 금강색을 지으며, 신도강 어귀는 황금색을 짓고, 박추강 어귀는 유리색을 지으며, 낱낱 강 어귀의 너비는 일 유순입니다.

그 네 개의 큰 강이 이미 흘러나와서는 각각 함께 큰 연못을 일곱 겹으로 에워 싸고, 그 방면을 따라 사방으로 갈라져 흐르는데 솟구쳐 빠르게 흘러 큰 바다로 들어갑니다.

其河旋遶一一之間 有天寶所成優鉢羅華 波頭摩華 拘物
頭華 芬陀利華 奇香發越 妙色清淨 種種華葉 種種臺蕊
悉是衆寶 自然映徹 咸放光明 互相照現 其無熱池 周圍
廣大 五十由旬 衆寶妙沙 徧布其底 種種摩尼 以爲嚴飾
無量妙寶 莊嚴其岸 栴檀妙香 普散其中 優鉢羅華 波頭
摩華 拘物頭華 芬陀利華 及餘寶華 皆悉徧滿 微風吹動
香氣遠徹 華林寶樹 周匝圍遶

그 강의 주위를 두르는 낱낱 사이마다 천상의 보배로 이루어진 우발라꽃과 파두마꽃과 구물두꽃과 분타리꽃이 피어있어 그 기이한 향기가 진동하고 묘한 색이 청정하며, 갖가지 꽃 잎사귀와 갖가지 받침과 꽃술이 모두 보배로 되어 있어 저절로 환하게 비치니 모두 광명을 놓아 서로서로 비추어 나타납니다.

그 무열지(無熱池)*의 둘레가 광대하여 오십 유순이니, 온갖 보배로 된 아름다운 모래가 그 밑에 두루 깔려 있고, 갖가지 마니로 장엄하게 꾸며졌으며, 한량없는 묘한 보배로 그 언덕을 장엄하였고, 전단의 묘한 향을 그 가운데 널리 흩뿌렸으며, 우발라꽃과 파두마꽃과 구물두꽃과 분타리꽃과 다른 보배꽃들이 모두 두루 가득하여 미풍만 불어도 움직여 향기가 멀리 퍼지고, 꽃과 숲과 보배 나무가 두루 에워싸고 있습니다.

日光出時　普皆照明　池河內外　一切衆物　接影連輝　成光
明網　如是衆物　若遠若近　若高若下　若廣若狹　若麤若細
乃至極小　一沙一塵　悉是妙寶　光明鑒徹　靡不於中　日輪
影現　亦復展轉更相現影　如是衆影　不增不減　非合非散
皆如本質　而得明見　佛子　如無熱大池　於四口中　流出四
河　入於大海　菩薩摩訶薩　亦復如是　從四辯才　流出諸行
究竟入於一切智海

태양이 뜰 때마다 널리 다 밝게 비추어 연못과 강 안팎의 일체 여러 만물의 잇따라 뒤섞여진 그림자와 빛이 번갈아 펼쳐져 광명의 그물을 이룹니다.

이와 같은 여러 만물이 먼 것과 가까운 것, 높은 것과 낮은 것, 넓은 것과 좁은 것, 거친 것과 세밀한 것, 더 나아가서 한낱 모래와 한낱 티끌 하나까지도 모두 이 묘한 보배 광명에 밝게 비치어 그 가운데 태양의 그림자가 나타나고 점점 다시 서로 비추어 영상이 나타나되, 이와 같은 온갖 그림자가 더하고 덜함이 없고 합하고 흩어짐도 없어서 모두 본래의 바탕대로 밝게 보입니다.

불자들이여, 큰 무열지의 네 어귀 가운데 네 개의 강이 흘러나와 큰 바다에 들어가듯이, 보살마하살도 또한 다시 이와 같아서 네 가지 변재로부터 모든 행이 흘러나와 구경에는 일체 지혜의 바다에 들어갑니다.

如恒伽大河　從銀色象口　流出銀沙　菩薩摩訶薩　亦復如
是　以義辯才　說一切如來所說一切義門　出生一切淸淨白
法　究竟入於無礙智海　如私陀大河　從金剛色獅子口　流出
金剛沙　菩薩摩訶薩　亦復如是　以法辯才　爲一切衆生　說
佛金剛句　引出金剛智　究竟入於無礙智海　如信度大河　從
金色牛口　流出金沙　菩薩摩訶薩　亦復如是　以訓辭辯說
隨順世間緣起方便　開悟衆生　令皆歡喜調伏成熟　究竟入
於緣起方便海

마치 항가 큰 강이 은색 코끼리 어귀에서 은모래를 흘려 보내는 것과 같이, 보살마하살도 또한 다시 이와 같아서 뜻의 변재로 일체 여래께서 말씀하신 일체 뜻의 문을 설하여서 일체 청정하고 밝은 법〔白法〕*을 내어 구경에는 걸림 없는 지혜 바다에 들어갑니다.

　마치 사타 큰 강이 금강색 사자 어귀에서 금강모래를 흘려 보내는 것과 같이, 보살마하살도 또한 다시 이와 같아서 법의 변재로 일체 중생을 위하여 부처님의 금강 글귀를 설하여서 금강 지혜를 이끌어 내어 구경에는 걸림 없는 지혜 바다에 들어갑니다.

　마치 신도 큰 강이 금색 소 어귀에서 금모래를 흘려 보내는 것과 같이, 보살마하살도 또한 다시 이와 같아서 가르치는 변재로 세간의 연기의 방편을 따라 중생을 깨닫게 하고 다 환희하게 하며 조복시켜 성숙하게 하여 구경에는 연기의 방편 바다에 들어가게 합니다.

如縛芻大河 於琉璃色馬口 流出琉璃沙 菩薩摩訶薩 亦復
如是 以無盡辯 雨百千億那由他不可說法 令其聞者 皆得
潤洽 究竟入於諸佛法海 如四大河 隨順圍遶無熱池已 四
方入海 菩薩摩訶薩 亦復如是 成就隨順身業 隨順語業
隨順意業 成就智爲前導身業 智爲前導語業 智爲前導意
業 四方流注 究竟入於一切智海

마치 박추 큰 강이 유리색 말 어귀에서 유리모래를 흘려 보내는 것과 같이, 보살마하살도 또한 다시 이와 같아서 다함 없는 변재로 백천억 나유타 불가설 수의 법을 비 내리듯 하여 듣는 이로 하여금 모두 윤택하게 하여서 구경에는 모든 부처님의 법 바다에 들어가게 합니다.

　마치 네 개의 큰 강이 무열지를 따라 둘러 에워싸고 네 방향으로 바다에 들어가는 것과 같이, 보살마하살도 또한 다시 이와 같아서 몸의 업을 수순하는 것과 말의 업을 수순하는 것과 뜻의 업을 수순하는 것을 성취하고, 지혜가 앞에서 이끄는 몸의 업과 지혜가 앞에서 이끄는 말의 업과 지혜가 앞에서 이끄는 뜻의 업을 성취해서 네 방향으로 흘러 구경에는 일체 지혜의 바다에 들어갑니다.

佛子 何者 名爲菩薩四方 佛子 所謂見一切佛 而得開悟
聞一切法 受持不忘 圓滿一切波羅蜜行 大悲說法 滿足衆
生 如四大河 圍遶大池 於其中間 優鉢羅華 波頭摩華 拘
物頭華 芬陀利華 皆悉徧滿 菩薩摩訶薩 亦復如是 於菩
提心中間 不捨衆生 說法調伏 悉令圓滿無量三昧 見佛國
土莊嚴淸淨 如無熱大池 寶樹圍遶 菩薩摩訶薩 亦復如
是 現佛國土莊嚴圍遶 令諸衆生 趣向菩提

불자들이여, 어떤 것을 보살의 네 방향이라 이름합니까?

불자들이여, 일체 부처님을 친견하여 깨달음을 얻고, 일체 법을 듣고 받아 지녀 잊지 않으며, 일체 바라밀행을 원만히 하고, 대비로 법을 설하여 중생을 만족하게 하는 것입니다.

마치 네 개의 큰 강이 큰 못을 둘러 에워싸고 그 중간에 우발라꽃과 파두마꽃과 구물두꽃과 분타리꽃으로 모두 두루 가득하게 하듯이, 보살마하살도 또한 다시 이와 같아서 보리심 가운데 중생을 버리지 않고 법을 설하여 조복시켜 한량없는 삼매를 모두 원만하게 하여 불국토의 청정한 장엄을 보게 합니다.

마치 큰 무열지를 보배나무가 둘러 에워싸는 것과 같이, 보살마하살도 또한 다시 이와 같아서 불국토를 장엄으로 에워쌈을 나타내어 모든 중생으로 하여금 보리에 나아가게 합니다.

如無熱大池 其中縱廣 五十由旬 清淨無濁 菩薩摩訶薩
亦復如是 菩提之心 其量無邊 善根充滿 清淨無濁 如無
熱大池 以無量寶 莊嚴其岸 散栴檀香 徧滿其中 菩薩摩
訶薩 亦復如是 以百千億十種智寶 莊嚴菩提心大願之岸
普散一切衆善妙香 如無熱大池 底布金沙 種種摩尼 間
錯莊嚴 菩薩摩訶薩 亦復如是 微妙智慧 周徧觀察 不可
思議菩薩解脫種種法寶 間錯莊嚴 得一切法無礙光明 住
於一切諸佛所住 入於一切甚深方便

마치 큰 무열지 그 가운데 너비와 길이가 오십 유순이고 청정하여 혼탁함이 없는 것과 같이, 보살마하살도 또한 다시 이와 같아서 보리심의 크기가 끝이 없고 선근이 충만하니 청정하여 혼탁함이 없습니다.

마치 큰 무열지의 한량없는 보배로 그 언덕을 장엄하고 전단향을 흩뿌려 그 가운데 두루 가득하게 하는 것과 같이, 보살마하살도 또한 다시 이와 같아서 백천억 열 가지 지혜의 보배로 보리심의 대원의 언덕을 장엄하여 널리 일체 온갖 훌륭하고 묘한 향을 흩뿌립니다.

마치 큰 무열지의 바닥에 금모래를 펴고 갖가지 마니로 사이사이를 장엄하는 것과 같이, 보살마하살도 또한 다시 이와 같아서 미묘한 지혜로 두루 관찰하여 불가사의한 보살의 해탈과 갖가지 법의 보배로 사이사이를 장엄하고 일체 법에 걸림 없는 광명을 얻으며, 일체 모든 부처님께서 머무르시는 바에 머물러 일체 매우 깊은 방편에 들어갑니다.

如阿那婆達多龍王 永離龍中 所有熱惱 菩薩摩訶薩 亦復
如是 永離一切世間憂惱 雖現受生 而無染着 如四大河
潤澤一切閻浮提地 既潤澤已 入於大海 菩薩摩訶薩 亦復
如是 以四智河 潤澤天人沙門婆羅門 令其普入阿耨多羅
三藐三菩提智慧大海 以四種力 而爲莊嚴 何者 爲四 一
者 願智河 救護調伏一切衆生 常不休息 二者 波羅蜜智
河 修菩提行 饒益衆生 去來今世 相續無盡 究竟入於諸
佛智海

마치 아나바달다용왕이 용 가운데 있는 뜨거운 번뇌를 영원히 여의는 것과 같이, 보살마하살도 또한 다시 이와 같아서 일체 세간의 근심과 번뇌를 영원히 여의어 비록 수생함을 나타내되 물들거나 집착하지 않습니다.

마치 네 개의 큰 강이 일체 염부제의 땅을 윤택하게 하고 나서는 큰 바다에 들어가는 것과 같이, 보살마하살도 또한 다시 이와 같아서 네 가지의 지혜 강으로 천상과 인간과 사문과 바라문을 윤택하게 하고 그들로 하여금 아뇩다라삼먁삼보리의 지혜의 큰 바다에 널리 들어가게 하여 네 종류의 힘*으로 장엄합니다.

어떤 것을 네 가지라 합니까? 첫째는 서원의 지혜 강이니 일체 중생을 구호하고 조복시켜 항상 쉬지 않는 것이고, 둘째는 바라밀의 지혜 강이니 보리의 행을 닦아 중생을 이익 되게 하여 과거와 미래와 현재의 세상에 서로 이어져 다함이 없어서 구경에는 모든 부처님의 지혜 바다에 들어가는 것이며,

三者 菩薩三昧智河 無數三昧 以爲莊嚴 見一切佛 入諸
佛海 四者 大悲智河 大慈自在 普救衆生 方便攝取 無有
休息 修行祕密功德之門 究竟入於十力大海 如四大河 從
無熱池 旣流出已 究竟無盡 入於大海 菩薩摩訶薩 亦復
如是 以大願力 修菩薩行 自在知見 無有窮盡 究竟入於
一切智海 如四大河 入於大海 無能爲礙 令不入者 菩薩
摩訶薩 亦復如是 常勤修習普賢行願 成就一切智慧光明
住於一切佛菩提法 入如來智 無有障礙

셋째는 보살 삼매의 지혜 강이니 셀 수 없는 삼매로 장엄하여 일체 부처님을 친견하고 모든 부처님 바다에 들어가는 것이고, 넷째는 대비의 지혜 강이니 대자로 자재하게 널리 중생을 구제하되 방편으로 거두어 들이고 쉼 없이 비밀한 공덕의 문을 닦아 행하여 구경에는 십력의 큰 바다에 들어가는 것입니다.

마치 네 개의 큰 강이 무열지로부터 흘러 나와서는 구경에는 다함 없이 큰 바다에 들어가는 것과 같이, 보살마하살도 또한 다시 이와 같아서 큰 원력으로 보살의 행을 닦아 자재한 지견이 다함이 없어 구경에는 일체 지혜 바다에 들어갑니다.

마치 네 개의 큰 강이 큰 바다에 흘러 들어가는 것을 막아서 들어가지 못하게 할 이가 없는 것과 같이, 보살마하살도 또한 다시 이와 같아서 보현의 서원행을 항상 부지런히 닦아 익혀 일체 지혜의 광명을 성취하고 일체 부처님의 보리법에 머물러서 여래의 지혜에 들어감에 장애가 없습니다.

如四大河 奔流入海 經於累劫 亦無疲厭 菩薩摩訶薩 亦
復如是 以普賢行願 盡未來劫 修菩薩行 入如來海 不生
疲厭 佛子 如日光出時 無熱池中金沙銀沙金剛沙琉璃沙
及餘一切種種寶物 皆有日影 於中顯現 其金沙等一切寶
物 亦各展轉而現其影 互相鑑徹 無所妨礙 菩薩摩訶薩
亦復如是 住此三昧 於自身一一毛孔中 悉見不可說不可
說佛剎微塵數諸佛如來 亦見彼佛所有國土道場衆會

마치 네 개의 큰 강이 흘러 바다에 들어가 여러 겁이 지나도 또한 피로해 하거나 싫어함이 없는 것과 같이, 보살마하살도 또한 다시 이와 같아서 보현의 서원행으로 미래겁이 다하도록 보살의 행을 닦아 여래의 바다에 들어가되 피로해 하거나 싫어함이 없습니다.

　　불자들이여, 마치 태양이 뜰 때에 무열지 가운데 금모래와 은모래와 금강모래와 유리모래와 나머지 일체 갖가지 보배 물건에 모두 해의 그림자가 그 가운데 나타나며, 그 금모래 등 일체 보배 물건도 각각 점점 그 그림자가 나타나서 서로서로 밝게 비추어도 장애됨이 없는 것과 같습니다.

　　보살마하살도 또한 다시 이와 같아서 이 삼매에 머물러 자신의 낱낱 털구멍 가운데 모두 불가설불가설 수의 부처님세계 가는 티끌 수만큼의 모든 부처님 여래를 뵙고, 또한 그 부처님의 모든 국토의 도량에 모인 대중을 보며,

一一佛所 聽法受持 信解供養 各經不可說不可說億那由
他劫 而不想念時節長短 其諸衆會 亦無迫隘 何以故 以
微妙心 入無邊法界故 入無等差別業果故 入不思議三昧
境界故 入不思議思惟境界故 入一切佛自在境界故 得一
切佛所護念故 得一切佛大神變故 得諸如來難得難知十
種力故 入普賢菩薩行圓滿境界故 得一切佛無勞倦神通
力故

낱낱 부처님 처소에서 법을 듣고 받아 지녀 믿어 알고 공양 올리되 각각 불가설불가설 억 나유타 수의 겁이 지나도 시절의 길고 짧음을 생각하지 않고, 그 모인 모든 대중도 또한 비좁지 않습니다.

무슨 까닭이겠습니까? 미묘한 마음으로 가없는 법계에 들어가는 까닭이고, 같을 이 없는 차별된 업과에 들어가는 까닭이며, 부사의한 삼매의 경계에 들어가는 까닭이고, 부사의한 사유의 경계에 들어가는 까닭이며, 일체 부처님의 자재한 경계에 들어가는 까닭이고, 일체 부처님의 호념하심을 얻는 까닭이며, 일체 부처님의 큰 신통변화를 얻는 까닭이고, 모든 여래의 얻기 어렵고 알기 어려운 열 가지 힘을 얻는 까닭이며, 보현보살의 행이 원만한 경계에 들어가는 까닭이고, 일체 부처님의 피로하여 싫증냄이 없는 신통력을 얻는 까닭입니다.

佛子 菩薩摩訶薩 雖能於定 一念入出 而亦不廢長時在
定 亦無所着 雖於境界 無所依住 而亦不捨一切所緣 雖
善入刹那際 而爲利益一切衆生 現佛神通 無有厭足 雖
等入法界 而不得其邊 雖無所住無有處所 而恒趣入一切
智道 以變化力 普入無量衆生衆中 具足莊嚴一切世界 雖
離世間顚倒分別 超過一切分別之地 亦不捨於種種諸相
雖能具足方便善巧 而究竟淸淨 雖不分別菩薩諸地 而皆
已善入

불자들이여, 보살마하살이 비록 온통인 생각으로 선정에 들고 나기도 하나 또한 오랜 시간 선정에 있는 것을 그만두지도 않고 또한 집착하지 않으며, 비록 경계에 의지하여 머무르는 바가 없으나 또한 일체 반연을 버리지도 않고, 비록 찰나의 경계에 잘 들어가나 일체 중생을 이익 되게 하기 위하여 부처님의 신통을 나타내는 것을 싫어하지 않으며, 비록 법계에 평등하게 들어가나 그 끝을 얻을 수 없고, 비록 머무르는 바가 없고 처소가 없으나 항상 일체 지혜의 도에 나아가 변화의 힘으로 널리 한량없는 중생들 가운데 들어가서 일체 세계를 장엄하여 구족하며, 비록 세간의 전도된 분별을 여의어 일체 분별하는 지위를 뛰어넘으나 또한 갖가지 모든 상을 버리지도 않고, 비록 방편의 공교함을 구족하나 구경까지 청정하며, 비록 보살의 모든 지위를 분별하지 않으나 모두 이미 잘 들어갔습니다.

佛子 譬如虛空 雖能容受一切諸物 而離有無 菩薩摩訶
薩 亦復如是 雖普入一切世間 而離世間想 雖勤度一切
衆生 而離衆生想 雖深知一切法 而離諸法想 雖樂見一
切佛 而離諸佛想 雖善入種種三昧 而知一切法自性皆如
無所染着 雖以無邊辯才 演無盡法句 而心恒住離文字法
雖樂觀察無言說法 而恒示現清淨音聲 雖住一切離言法
際 而恒示現種種色相 雖教化衆生 而知一切法畢竟性空
雖勤修大悲 度脫衆生 而知衆生界 無盡無散

불자들이여, 비유하면 허공이 비록 일체 모든 만물을 포용하여 받아들이나 있고 없음을 여의는 것과 같이, 보살마하살도 또한 다시 이와 같아서 비록 일체 세간에 널리 들어가나 세간이라는 생각을 여의고, 비록 일체 중생을 부지런히 제도하나 중생이라는 생각을 여의며, 비록 일체 법을 깊이 아나 모든 법에 대한 생각을 여의고, 비록 일체 부처님을 즐거이 뵈나 모든 부처님이라는 생각을 여의며, 비록 갖가지 삼매에 잘 들어가나 일체 자성이 여여한 법임을 알아서 물들거나 집착함이 없고, 비록 끝없는 변재로 다함없는 법의 글귀를 널리 펴나 마음은 항상 문자를 여읜 법에 머무르며, 비록 말로 설함이 없는 법을 즐거이 관찰하나 항상 청정한 음성을 나타내 보이고, 비록 일체 말을 여읜 법의 경계에 머무르나 항상 갖가지 색상을 나타내 보이며, 비록 중생을 교화하나 일체 법의 구경의 성품이 공함을 알고, 비록 대비를 부지런히 닦아 중생을 제도하여 해탈시키나 중생계가 다함도 없고 흩어짐도 없음을 알며,

雖了達法界 常住不變 而以三輪 調伏衆生 恒不休息 雖
常安住如來所住 而智慧淸淨 心無怖畏 分別演說種種諸
法 轉於法輪 常不休息 佛子 是爲菩薩摩訶薩 第九法界
自在大三昧善巧智

비록 법계가 항상 머물러 변하지 않음을 요달하나 삼륜
으로 중생을 조복시키기를 항상 쉬지 않고, 비록 여래께
서 머무르신 바에 항상 편안히 머무르나 지혜가 청정하
여 마음에 두려움이 없고 갖가지 모든 법을 분별하여 널
리 펴 설하며, 법륜을 굴리기를 항상 쉬지 않습니다.

불자들이여, 이것을 보살마하살의 아홉째 법계에 자재
하는 큰 삼매의 공교한 지혜라 합니다."

농선 대원 선사 결문

농선 대원 선사 결문(決文)

문 : 보살마하살의 선정삼매의 온통인 생각을 요약해서
　　보여주십시오.

답 : (중지로 바닥을 한 번 튕기고
　　또 한 번 튕기고 주장자를 던져버리고 방장실로 가다)

∽ 미주

* 건달바성(乾闥婆城) : 실체 없이 공중에 나타나는 성(城). 건
  달바가 천상에 건립한 성으로 신기루(蜃氣樓)를 말한다. 마치
  토끼뿔과 같이 존재하지 않는 것이나 일시적 존재에 대한 비유
  로 흔히 사용된다. 건달박성(犍達縛城), 건달성(乾達城), 건성
  (乾城)이라고도 하고, 귀성(鬼城), 신기루(蜃氣樓), 심향성(尋
  香城)이라고 한역한다.
* 네 가지 병사〔四兵〕: 고대 인도의 상병(象兵), 마병(馬兵), 거
  병(車兵), 보병(步兵) 등 네 종류의 병력을 말한다.
* 네 종류의 힘〔四種力〕: 번뇌를 끊어 없애는 네 가지 작용력.
  신력(信力), 정진력(精進力), 정력(定力), 혜력(慧力)을 말한다.
* 대천세계(大千世界) : ⇒삼천대천세계를 참조.
* 동비제하(東毘提訶) : 동쪽에 있는 비제하(毘提訶)라는 말로
  비제하는 산스크리트어 videha의 음사이다. 수미산 사방에 각
  각 있는 사대주(四大洲)의 하나로 수미산 동쪽의 칠금산(金山)
  과 대철위산(大鐵圍山) 사이 짠물바다 가운데 있는 인간이 사
  는 세계를 말한다. 동쪽이 좁고 서쪽이 넓은 반달 혹은 완전히
  둥근 보름달과 같이 생긴 지형을 가지고 있다. 이 땅의 인간들
  의 몸이 남섬부주(南贍浮洲)보다 뛰어나 각종 질병을 앓지 않
  는다는 뜻으로 승신주(勝身洲)라고도 부른다. 불우바비제하

(弗于婆鼻提賀), 포리바비제하(逋利婆鼻提賀), 불비제하(弗毘
提訶), 불우체(弗于逮), 불바제(弗婆提)라고도 하고, 동승신주
(東勝身洲), 승신(勝身) 등으로 한역한다.

* 무열지(無熱池) : 산스크리트어 anavatapta의 한역이다. 향취
산(香醉山)의 남쪽, 대설산(大雪山)의 북쪽에 있다는 전설의
연못을 말한다. 여덟 가지 공덕을 갖춘 물로 가득하며 용왕이
사는 곳으로 남섬부주(南贍浮洲)를 비옥하게 한다고 한다. 남
섬부주의 사대강〔四大河〕인 항가(殑伽)·신도(信度)·박추(縛
芻)·사타(私陀)의 근원으로 여겨진다. 아뇩달지(阿耨達池), 아
뇩달(阿耨達), 아나달(阿那達)이라고 음역하며, 무열뇌(無熱
惱), 무열뇌지(無熱惱池), 청량(清涼)이라고도 한역한다.

* 밝은 법〔白法〕: 번뇌가 완전히 소멸된 바른 가르침, 즉 중생을
바람직한 방향으로 이끄는 가르침을 통틀어서 일컫는 말이다.
이것은 부처님의 가르침이 갖는 일반적 특성이므로 불법과 같
은 뜻으로 쓰기도 하는데, 상대어인 흑법(黑法)은 외도의 가르
침을 가리킨다.

* 북구로(北俱盧·北拘盧) : 북쪽에 있는 구로(拘盧)라는 말로 구
로는 산스크리트어 kuru의 음사이다. 수미산 사방에 각각 있는
사대주(四大洲)의 하나로, 수미산 북쪽의 칠금산(七金山)과 대

철위산(大鐵圍山) 사이 짠물바다 가운데 인간이 사는 세계를
말한다. 정사각형의 모양으로 각 변에 둥근 모양의 덮개가 있
다. 수명이 다한 후에는 도리천 혹은 타화자재천에 태어나는데
사주에서 그 과보가 가장 수승하며, 사대주 중에 나머지 세 곳
에는 지옥이 있는데 오직 이 주에만 없다. 북울단월(北鬱單越),
승처(勝處) 등으로 한역한다.

* 삼천대천세계(三千大千世界) : 수미산을 중심으로 사방에 사주
(四洲)가 있고 그 바깥을 대철위산(大鐵圍山)이 둘러 싸고 있
는 곳을 일사천하(一四天下) 또는 일세계(一世界)라고 하는데,
일대천세계(一大千世界) 안에 소천(小千)·중천(中千)·대천(大
千) 세 종류의 천(千)이 있어 삼천세계(三千世界)라고 한다. 범
부는 사천하, 범왕은 소천세계, 성문은 중천세계, 연각은 대천
세계의 중생의 마음을 알 수 있다고 한다. 일대삼천세계(一大
三千世界)라고도 한다. ①소천세계(小千世界) - 사천하(四天
下)를 천개 합한 곳을 말한다. ②중천세계(中千世界) - 소천세
계(小千世界)를 천개 합한 곳을 말한다. 이천세계(二千世界)라
고도 한다. ③대천세계(大千世界) - 중천세계를 천개 합한 곳
을 말한다. 삼천세계(三千世界)라고도 한다.

* 서구타니(西瞿陀尼) : 북쪽에 있는 구타니(瞿陀尼)라는 말로

구타니는 산스크리트어 godānīya의 음사이다. 수미산 서쪽의 칠
금산(七金山)과 대철위산(大鐵圍山)사이 짠물바다 가운데 인
간이 사는 세계를 말한다. 소[牛]가 많아서 소를 화폐로 사용
하기 때문에 우화(牛貨)라고 한역하며, 취여(取與), 서우화주
(西牛貨洲)라고도 한다.

* 소천세계(小千世界) : ⇒삼천대천세계를 참조.

* 염부제(閻浮提) : 산스크리트어 jambu-dvīpa의 음사이다. 수미
산 사방에 각각 있는 사대주(四大洲)의 하나로, 수미산 남쪽
의 칠금산(七金山)과 대철위산(大鐵圍山) 사이 짠물바다 가운
데 인간이 사는 세계를 말한다. 인도에서 흔히 볼 수 있는 염부
(jambu)라는 나무가 많이 자라는 곳이라는 뜻으로 염부주(閻
浮提洲)라고도 한다. 삼각형을 이루고 북쪽은 넓고 남쪽은 좁
은 지형이다. 동비제하나 북구로의 인간보다 누리는 즐거움이
떨어지지만, 여러 부처가 출현하는 곳은 사주(四洲) 가운데 이
곳뿐이며, 후에 전의되어 인간 세계를 총칭하는 말로 현세의
의미를 가지게 되었다. 남염부제(南閻浮提), 염부제비파(閻浮
提鞞波)라고도 하고, 섬부주(贍部洲), 남섬부주(南贍部洲), 예
주(穢洲), 예수성(穢樹城), 승금주(勝金洲), 호금토(好金土)라
고 한역한다.

* 중천세계(中千世界) : ⇒삼천대천세계를 참조.

* 흑산(黑山·縣山) : 대철위산(大鐵圍山)과 소철위산(小鐵圍山)
  사이의 암흑처. 남섬부주(南贍部洲)의 북쪽에 세 곳의 지방
  에 각각 세 겹의 흑산이 있어 악귀가 서지(棲止)하는 곳을 말
  한다. 정식(情識)과 분별에 집착하면 마치 흑산의 어두운 굴에
  빠진 것과 같아서 움직일 법이 없음에 비유한다.

불조정맥

불조정맥(佛祖正脈)

🌸 인 도

교조 석가모니불 (敎祖 釋迦牟尼佛)

1조 마하가섭 (摩訶迦葉)

2조 아난다 (阿難陀)

3조 상나화수 (商那和脩)

4조 우바국다 (優波鞠多)

5조 제다가 (堤多迦)

6조 미차가 (彌遮迦)

7조 바수밀 (婆須密)

8조 불타난제 (佛陀難堤)

9조 복타밀다 (伏馱密多)

10조 파율습박(협) (波栗濕縛, 脇)

11조 부나야사 (富那夜奢)

12조 아나보리(마명) (阿那菩堤, 馬鳴)

13조 가비마라 (迦毗摩羅)

14조 나가르주나(용수) (那閼羅樹那, 龍樹)

15조 가나제바 (迦那堤波)

16조 라후라타 (羅睺羅陀)

17조 승가난제 (僧伽難提)

18조 가야사다 (迦耶舍多)

19조 구마라다 (鳩摩羅多)

20조 사야다 (闍夜多)

21조 바수반두 (婆修盤頭)

22조 마노라 (摩拏羅)

23조 학륵나 (鶴勒那)

24조 사자보리 (師子菩堤)

25조 바사사다 (婆舍斯多)

26조 불여밀다 (不如密多)

27조 반야다라 (般若多羅)

28조 보리달마 (菩堤達磨)

🪷 중 국

29조 신광 혜가 (2 조 神光 慧可)

30조 감지 승찬 (3 조 鑑智 僧璨)

31조 대의 도신 (4 조 大醫 道信)

32조 대만 홍인 (5조 大滿 弘忍)

33조 대감 혜능 (6조 大鑑 慧能)

34조 남악 회양 (7조 南嶽 懷讓)

35조 마조 도일 (8조 馬祖 道一)

36조 백장 회해 (9조 百丈 懷海)

37조 황벽 희운 (10조 黃檗 希雲)

38조 임제 의현 (11조 臨濟 義玄)

39조 흥화 존장 (12조 興化 存奬)

40조 남원 혜옹 (13조 南院 慧顒)

41조 풍혈 연소 (14조 風穴 延沼)

42조 수산 성념 (15조 首山 省念)

43조 분양 선소 (16조 汾陽 善昭)

44조 자명 초원 (17조 慈明 楚圓)

45조 양기 방회 (18조 楊岐 方會)

46조 백운 수단 (19조 白雲 守端)

47조 오조 법연 (20조 五祖 法演)

48조 원오 극근 (21조 圓悟 克勤)

49조 호구 소륭 (22조 虎丘 紹隆)

50조 응암 담화 (23조 應庵 曇華)

51조 밀암 함걸 (24조 密庵 咸傑)

52조 파암 조선 (25조 破庵 祖先)

53조 무준 사범 (26조 無準 師範)

54조 설암 혜랑 (27조 雪岩 慧郎)

55조 급암 종신 (28조 及庵 宗信)

56조 석옥 청공 (29조 石屋 淸珙)

※ 한 국

57조 태고 보우 (1 조 太古 普愚)

58조 환암 혼수 (2 조 幻庵 混脩)

59조 구곡 각운 (3 조 龜谷 覺雲)

60조 벽계 정심 (4 조 碧溪 淨心)

61조 벽송 지엄 (5 조 碧松 智儼)

62조 부용 영관 (6 조 芙蓉 靈觀)

63조 청허 휴정 (7 조 淸虛 休靜)

64조 편양 언기 (8 조 鞭羊 彦機)

65조 풍담 의심 (9 조 楓潭 義諶)

66조 월담 설제 (10조 月潭 雪霽)

67조 환성 지안 (11조 喚醒 志安)

68조 호암 체정 (12조 虎巖 體淨)

69조 청봉 거안 (13조 靑峰 巨岸)

70조 율봉 청고 (14조 栗峰 靑杲)

71조 금허 법첨 (15조 錦虛 法沾)

72조 용암 혜언 (16조 龍巖 慧言)

73조 영월 봉율 (17조 詠月 奉律)

74조 만화 보선 (18조 萬化 普善)

75조 경허 성우 (19조 鏡虛 惺牛)

76조 만공 월면 (20조 滿空 月面)

77조 전강 영신 (21조 田岡 永信)

78대 농선 대원 (22대 弄禪 大圓)

농선 대원 선사님
인가 내력

농선 대원 선사님 인가 내력

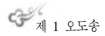
제 1 오도송

이 몸을 끄는 놈 이 무슨 물건인가?
골똘히 생각한 지 서너 해 되던 때에
쉬이하고 불어온 솔바람 한 소리에
홀연히 대장부의 큰 일을 마치었네

무엇이 하늘이고 무엇이 땅이런가
이 몸이 청정하여 이러-히 가없어라
안팎 중간 없는 데서 이러-히 응하니
취하고 버림이란 애당초 없다네

하루 온종일 시간이 다하도록
헤아리고 분별한 그 모든 생각들이

옛 부처 나기 전의 오묘한 소식임을
듣고서 의심 않고 믿을 이 누구인가!

此身運轉是何物
疑端汨沒三夏來
松頭吹風其一聲
忽然大事一時了

何謂青天何謂地
當體清淨無邊外
無內外中應如是
小分取捨全然無

一日於十有二時
悉皆思量之分別
古佛未生前消息
聞者卽信不疑誰

　농선 대원 선사님의 스승이신 불조정맥 제77조 조계종(曹溪宗) 전
강(田岡) 대선사님께서 1962년 대구 동화사의 조실로 계실 당시 농
선 대원 선사님께서도 동화사에 함께 머무르고 계셨다.
　하루는, 전강 대선사님께서 대원 선사님의 3연으로 되어 있는 제
1오도송을 들어 깨달은 바는 분명하나 대개 오도송은 짧게 짓는다

고 말씀하셨다. 이에 대원 선사님께서는 제1오도송을 읊은 뒤, 도솔암을 떠나 김제들을 지나다가 석양의 해와 달을 보고 문득 읊었던 제2오도송을 일러드렸다.

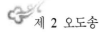 제 2 오도송

해는 서산 달은 동산 덩실하게 얹혀 있고
김제의 평야에는 가을빛이 가득하네
대천이란 이름자도 서지를 못하는데
석양의 마을길엔 사람들 오고 가네

日月兩嶺載同模
金提平野滿秋色
不立大千之名字
夕陽道路人去來

제2오도송을 들으신 전강 대선사님께서는 이에 그치지 않고 그와 같은 경지를 담은 게송을 이 자리에서 즉시 한 수 지어볼 수 있겠냐고 하셨다. 대원 선사님께서는 곧바로 다음과 같이 읊으셨다.

바위 위에는 솔바람이 있고

산 아래에는 황조가 날도다
대천도 흔적조차 없는데
달밤에 원숭이가 어지러이 우는구나

岩上在松風
山下飛黃鳥
大千無痕迹
月夜亂猿啼

전강 대선사님께서는 위 송의 앞의 두 구를 들으실 때만 해도 지
그시 눈을 감고 계시다가 뒤의 두 구를 마저 채우자 문득 눈을 뜨
고 기뻐하는 빛이 역력하셨다.

그러나 전강 대선사님께서는 여기에서도 그치지 않고 다시 한 번
물으셨다.

"대중들이 자네를 산으로 불러내고 그중에 법성(향곡 스님 법제자
인 진제 스님. 동화사 선방에 있을 당시에 '법성'이라 불렸고, 나중에 '법
원'으로 개명하였다.)이 달마불식(達磨不識) 도리를 일러보라 했을 때
'드러났다'라고 답했다는데, 만약에 자네가 당시의 양무제였다면
'모르오'라고 이르고 있는 달마 대사에게 어떻게 했겠는가?"

대원 선사님께서 답하셨다.

"제가 양무제였다면 '성인이라 함도 서지 못하나 이러-히 짐의
덕화와 함께 어우러짐이 더욱 좋지 않겠습니까?' 하며 달마 대사의

손을 잡아 일으켰을 것입니다."

전강 대선사님께서 탄복하며 말씀하셨다.

"어느새 그 경지에 이르렀는가?"

"이르렀다곤들 어찌 하며, 갖추었다곤들 어찌 하며, 본래라곤들 어찌 하리까? 오직 이러-할 뿐인데 말입니다."

대원 선사님께서 연이어 말씀하시자 전강 대선사님께서 이에 환희하시니 두 분이 어우러진 자리가 백아가 종자기를 만난 듯, 고수 명창 어울리듯 화기애애하셨다.

달마불식 공안에 대한 위의 문답은 내력이 있는 것이다. 전강 대선사님께서 대원 선사님을 부르기 며칠 전에, 저녁 입선 시간 중에 노장님 몇 분만이 자리에 앉아있을 뿐 자리가 텅텅 비어 있었다고 한다.

대원 선사님께서 이상히 여기고 있던 중, 밖에서 한 젊은 수좌가 대원 선사님을 불렀다. 그 수좌의 말이 스님들이 모두 윗산에 모여 기다리고 있으니 가자고 하기에 무슨 일인가 하고 따라가셨다.

그러자 그 자리에 있던 법성 스님이 보자마자 달마불식 법문을 들고 이르라고 하기에 지체없이 답하셨다.

"드러났다."

곁에 계시던 송암 스님께서 또 안수정등 법문을 들고 물으셨다.

"여기서 어떻게 살아나겠소?"

대뜸 큰소리로 이르셨다.

"안·수·정·등."

이에 좌우에 모인 스님들이 함구무언(緘口無言)인지라 대원 선사님께서는 먼저 그 자리를 떠나 내려와 버리셨다.

그 다음날 입승인 명허 스님께서 아침 공양이 끝난 자리에서 지난 밤 입선시간 중에 무단으로 자리를 비운 까닭을 묻는 대중 공사를 붙여 산 중에서 있었던 일들이 낱낱이 드러나고 말았다. 그리하여 입선시간 중에 자리를 비운 스님들은 가사 장삼을 수하고 조실인 전강 대선사님께 참회의 절을 했던 일이 있었다.

전강 대선사님께서는 이때에 대원 선사님께서 달마불식 도리에 대해 일렀던 경지를 점검하셨던 것이다.

이런 철저한 검증의 자리가 있었던 다음 날, 전강 대선사님께서 부르시기에 대원 선사님께서 가보니 주지인 월산(月山) 스님께서 모든 것이 약조된 데에서 입회해 계셨으며 전강 대선사님께서는 곧바로 다음과 같이 전법게(傳法偈)를 전해주셨다.

전 법 게

부처와 조사도 일찍이 전한 것이 아니거늘
나 또한 어찌 받았다 하며 준다 할 것인가
이 법이 2천년대에 이르러서
널리 천하 사람을 제도하리라

佛祖未曾傳
我亦何受授
此法二千年
廣度天下人

덧붙여 이 일은 월산 스님이 증인이며 2000년까지 세 사람 모두 절대 다른 사람이 알게 하거나 눈에 띄게 하지 않아야 한다고 당부하셨다.

만약 그러지 않을 시에는 대원 선사님께서 법을 펴 나가는데 장애가 있을 것이라고 예언하셨다. 또한 각별히 신변을 조심하라 하시고 월산 스님에게 명령해 대원 선사님을 동화사의 포교당인 보현사에 내려가 교화에 힘쓰게 하셨다.

대원 선사님께서 보현사로 떠나는 날, 전강 대선사님께서는 미리 적어두셨던 부송(付頌)을 주셨으니 다음과 같다.

 부 송

어상을 내리지 않고 이러-히 대한다 함이여
뒷날 돌아이가 구멍 없는 피리를 불리니
이로부터 불법이 천하에 가득하리라

不下御床對如是
後日石兒吹無孔
自此佛法滿天下

위의 송의 '어상을 내리지 않고 이러-히 대한다 함이여'라는 첫째 줄 역시 내력이 있는 구절이다.

전에 대원 선사님께서 전강 대선사님을 군산 은적사에서 모시고 계실 당시 마당에서 홀연히 마주쳤을 때 다음과 같은 문답이 있었다.

전강 대선사님께서 물으셨다.

"공적(空寂)의 영지(靈知)를 이르게."

대원 선사님께서 대답하셨다.

"이러-히 스님과 대담(對談)합니다."

"영지의 공적을 이르게."

"스님과의 대담에 이러-합니다."

"어떤 것이 이러-히 대담하는 경지인가?"

"명왕(明王)은 어상(御床)을 내리지 않고 천하 일에 밝습니다."

위와 같은 문답 중에 대원 선사님께서 답하신 경지를 부송의 첫째 줄에 담으신 것이다.

전강 대선사님께서 대원 선사님을 인가(印可)하신 과정을 볼 때 한 번, 두 번, 세 번을 확인하여 철저히 점검하신 명안종사의 안목에 탄복하지 않을 수 없으며 이에 끝까지 1초의 머뭇거림도 없이 명철하셨던 대원 선사님께 찬탄하지 않을 수 없다.

그리하여 법열로 어우러진 두 분의 자리가 재현된 듯 함께 환희 용약하지 않을 수 없다.

이제 전강 대선사님과 약속한 2천년대를 맞이하였으므로 여기에 전법게를 밝힌다.

이로써 경허, 만공, 전강 대선사님으로 내려온 근대 대선지식의 정법의 햇불이 이 시대에 이어져 전강 대선사님의 예언대로 불법이 천하에 가득할 것이다.

21세기에
인류가 해야 할 일

21세기에 인류가 해야 할 일

이 사람은 1962년 26세 때부터 21세기에 인류에게 닥칠 공해문제, 에너지문제를 예견하고 대체에너지(무한원동기, 태양력, 파력, 풍력 등) 개발과 '울 안의 농법'을 연구하고 그 필요성을 많은 이들에게 이야기해 왔습니다.

당시에는 너무 시대를 앞서가는 이야기여서인지 일반인들이 수용하지 못하고 오히려 불신의 눈으로 바라보며 이 사람의 법마저 의심하였습니다. 하지만 현대에 있어서는 이것이 인류가 해결해야 할 가장 절박한 사안이 되어 있습니다.

'사막화방지 국제연대'를 설립한 것도 현재 인류가 해결해야 할 가장 절박한 지구환경문제를 이슈화시키고 그 해결책을 제시하여 재앙에 직면한 지구촌을 살리기 위해서입니다.

'사막화방지 국제연대'에서 추진하고 있는 사막화 방지, 지구 초원화, 대체에너지 개발은 온 인류가 발 벗고 나서서 해야 할 일입니다.

첫째 사막화 방지에 있어서 기존에 해왔던 '나무심기 사업'은 천문학적인 예산과 많은 인력을 동원하고도 극도로 황폐한 사막화된 환경을 되살리는 데 실패하였습니다.

그래서 이 사람은 사막화 방지에 있어서는 '사막 해수로 사업'을 새로운 방안으로 제시하였습니다.

사막 해수로 사업은 사막화된 지역에 수도관을 매설하여 바닷물을 끌어들여서 염분에 강한 식물을 중심으로 자연생태계를 복원하는 사업입니다.

이것은 나무심기 사업으로 심은 나무들이 절대적으로 물이 부족하여 생존할 수 없었던 문제를 해결할 수 있는, 현재로서는 유일한 해결책입니다.

그러나 '사막화방지 국제연대'의 목적은 사막이 확장되는 것을 방지하자는 것이지 사막 전체를 완전히 없애자는 것은 아닙니다. 인체에서 심장이 모든 피를 전신의 구석구석까지 골고루 보내어 살아서 활동하게 하듯이 사막은 오히려 지구의 심장 역할을 하는 중요한 곳이기 때문입니다.

그래서 21세기에 있어서는 다만 사막의 확장을 방지할 뿐 아니라 사막을 어떻게 운용하느냐를 연구해야 합니다.

사막에 바둑판처럼 사방이 막힌 플륨관 수로를 설치하여 동, 서, 남, 북 어느 방향의 수로를 얼마만큼 채우느냐 비우느냐에 따라, 사막으로부터 사방 어느 방향으로든 거리까지 조절하여, 원하는 지역에 비를 내리게 하고 그치게 할 수 있습니다. 철저히 과학적인

데이터에 의해 이렇게 사막을 운용함으로써 21세기의 지구를 풍요
로운 낙원시대로 만들어가야 합니다.

둘째로 지구를 초원화할 수 있는 방안으로서 3년간의 실험을 통
해, 광활한 황무지 지역을 큰 비용을 들이거나 많은 인력을 동원하
지 않고도 짧은 시간 내에 초지로 바꿀 수 있는 식물을 찾아냈습
니다.

그것은 바로 '돌나물'입니다. 돌나물은 따로 종자를 심을 필요가
없이 헬리콥터나 비행기로 살포해도 생존, 번식할 수 있으며, 추위
와 더위, 황폐한 땅에서도 살아남을 수 있는 생명력과 번식력이 강
한 식물입니다.

지구환경을 되살리는 초지조성 사업에 있어서 이것이 큰 도움이
되리라 생각합니다.

셋째의 대체에너지 개발에 있어서는 태양력, 파력, 풍력 등 1962
년도부터 이 사람이 연구하고 얘기해왔던 방법들이 이미 많이 개
발되어 실용화한 단계에 있습니다.

이 세 가지 일은 한 개인이나 한 국가가 할 수 있는 일이 아닙니
다. 모든 국가가 앞장서서 전 세계적인 사업으로 이루어져야 합니
다. 모든 국가가 함께 한 기금조성이 이루어져야 하고 기금조성에
참여한 국가는 이 시스템에 의한 전면적인 혜택을 입을 수 있도록
해야 합니다.

인류 모두가 지혜를 모아 이 일에 전력을 다한다면 인류는 유사
이래 가장 좋은 시절을 맞이하게 될 것이며, 만약 이 일을 남의 일

인 양 외면한다면 극한의 재앙을 면할 수 없을 것입니다.

이 사람이 오래 전부터 얘기해왔던 '울 안의 농법'은 이미 미국 라스베이거스(Las Vegas)에서 30층짜리 '고층 빌딩 농장'으로 구현되었습니다. 그렇게 크게도 운영될 수 있지만 각자 자신의 집에서 이루어지는 '울 안의 농법'도 필요합니다.

21세기에 있어서 또 하나 인류가 만일의 사태를 대비해서 연구, 추진해야 될 일이 있다면 바닷속에서의 수중생활, 수중경작입니다.

지구가 심하게 온난화될 경우, 공기가 너무 많이 오염될 경우, 바닷물이 높아져 살 땅이 좁아질 경우 등에 대비할 때, 인류는 우주에서의 삶보다는 바닷속에서의 삶을 준비해야 합니다. 왜냐하면 그것이 훨씬 수월하고 비용도 절감할 수 있기 때문입니다.

이렇게 깨달은 이는 이변적으로는 깨달음을 얻게 하여 영생불멸의 삶을 영위할 수 있도록 만인을 이끌어야 하며 사변적으로는 일반인이 예측할 수 없는 백 년, 천 년 앞을 내다보아 이를 미리 앞서 대비하도록 만인의 삶을 이끌어줘야 한다고 생각합니다.

불법의 뜻은 다만 진리 전수에만 있는 것이 아니니, 만인이 서로 함께 영원한 극락을 누릴 때까지 물심양면으로, 이사일여로 베풀어 교화해야 하기 때문입니다.

가슴으로 부르는
불심의 노래

여기에 실린 것들은 모두 농선 대원 선사님
께서 직접 작사하신 곡들이다.

　수행의 길로 들어서게끔 신심, 발심을 북돋
아주는 곡으로부터 수행의 길로 접어든 이의
구도의 몸부림이 담겨있는 곡, 대승의 원력을
발해서 교화하는 보살의 자비심과 함께 낙원
세계를 누리는 풍류를 그려놓은 곡까지 가사
한마디, 한마디가 생생하여 그 뜻이 뼛속 깊이
새겨지고 그 멋에 흠뻑 취하게 된다.

　농선 대원 선사님께서는 거칠고 말초적인
요즘의 노래를 듣고 이러한 정서를 순화시키
고자, 또한 수행의 마음을 진작시키고자 하는
뜻에서 이 곡들을 작사하셨다.

🪷 가슴으로 부르는 불심의 노래 - 가사 목록

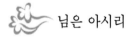 님은 아시리

1 부

1. 사계절의 풍광인들 위로되겠니
서사시의 음률인들 쉬어지겠니
뜻과 같이 되지 않아 기도에 젖은
이 마음 님은 아시리
한 세상 열정 쏟아 닦는 수행길
불보살님 출현하셔 베푼 자비에
모든 망상 모든 번뇌 없었으면 좋으련만
마음대로 안 되는 게 수행이더라, 수행이더라

2. 사계절의 풍광인들 위로되겠니
서사시의 음률인들 쉬어지겠니
뜻과 같이 되지 않아 기도에 젖은
이 마음 님은 아시리
청춘의 모든 욕망 사뤄버리고
회광반조 촌각 아낀 열정 쏟아서
이룬 선정 그 효력이 있었으면 좋으련만
마음대로 안 되는 게 보림이더라, 보림이더라

3. 사계절의 풍광인들 위로되겠니
서사시의 음률인들 쉬어지겠니
뜻과 같이 되지 않아 기도에 젖은
이 마음 님은 아시리
억겁의 모든 습성 꺾어보려고
갖은 노력 갖은 인내 온통 쏟아서
세월 잊은 보림 성취 있었으면 좋으련만
마음대로 안 되는 게 성불이더라, 성불이더라

2 부

1. 사계절의 풍광인들 비유되겠니
가릉빈가 음률인들 비교되겠니
뜻과 같이 자유자재 베풀어놓고
한없이 즐기시련만
그러한 대자유의 삶을 접고서
중생들을 구제하려 삼도에 출현
갖은 역경 어려움을 감내하는 자비로써
깨워주는 그 진리에 눈을 뜨거라, 눈을 뜨거라

2. 사계절의 풍광인들 비유되겠니
가릉빈가 음률인들 비교되겠니
뜻과 같이 자유자재 베풀어놓고
한없이 즐기시련만
억겁을 다하여도 끝이 없을 걸
알면서도 해내겠다 나선 님의 길
가시밭길 험난해도 일관하신 그 자비에
구류중생 깨달아서 정토 이루리, 정토 이루리

3. 사계절의 풍광인들 비유되겠니
가릉빈가 음률인들 비교되겠니
뜻과 같이 자유자재 베풀어놓고
한없이 즐기시련만
낙원의 모든 즐김 떨쳐버리고
삼악도를 낙원으로 이뤄놓겠다
촌각 아낀 그 열정에 모두 모두 감화되어
이 땅 위에 님의 소원 이뤄지리라, 이뤄지리라

불보살의 마음

1. 자비, 그 자비는 눈물이었네
불나방이 불을 쫓듯 가는 이
그래도 못 잊어서 버리지 못해
저리는 저리는 가슴, 그 가슴 안고서
눈물, 피눈물로 저리 부르네

2. 자비, 그 자비는 눈물이었네
제 살 길을 저버리는 이들을
그래도 못 잊어서 버리지 못해
저리는 저리는 가슴, 그 가슴 안고서
눈물, 피눈물로 저리 부르네

 ## 나의 노래

1. 노세 노세 봄놀이하세
대천세계 이 봄 경치
한산 습득 친구삼아
호연지기 즐겨볼까
얼씨구나 절씨구
아니나 즐기고 무엇하리

2. 노세 노세 봄놀이하세
걸음 쫓아 이른 곳곳
문수보현 벗을 삼아
화엄광장 춤춰볼까
얼씨구나 절씨구
아니나 즐기고 무엇하리

잘 사는 게 불법일세

1. 잘 사는 게 불법일세
우리 모두 관음보살 지장보살 생활 속에
모시면서
마음 비운 나날들로 바른 삶을 하노라면
불보살님 가피 속에 뜻 이뤄서 꽃을 피운
그런 날이 있을 걸세

2. 잘 사는 게 불법일세
우리 모두 관음보살 지장보살 생활 속에
모시면서
마음 비워 살아가며 시시때때 잊지 않고
참나 찾아 참구하는 그 정성도 함께하면
좋은 소식 있을 걸세

3. 잘 사는 게 불법일세
우리 모두 관음보살 지장보살 생활 속에
모시면서
틈틈으로 회광반조 사색으로 참나 깨쳐
화장세계 장엄하고 얼쉬얼쉬 어울리며
영원토록 웃고 사세

 ## 선 승

토함산 소나무 위에 달빛도 조는데
단잠을 잊은 채 장승처럼 앉아있는
깊은 밤 선승의 그윽한 눈빛
고요마저 서지 못한 선정이라
대천도 흔적 없고 허공계도 머물 수 없는
수정 같은 광명이여, 화엄의 세계로세

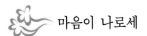 우리 모두

우리 모두 만난 인생 즐겁게 살자
부딪치는 세상만사 웃으며 하자
인연으로 어우러진 세상사이니
풀어가는 삶이어야 하지 않겠니

몸종 노릇 하는 사이 맘 챙겨 살자
맑고 맑은 가을 허공 그렇게 비워
명상으로 정신세계 사무쳐보자
언젠가는 깨쳐 웃는 그날이 오리

한산 습득 껄껄 웃는 그러한 웃음
웃어가며 모든 일을 대하는 날로
활짝 펼쳐 어우러진 그러한 삶을
우리 모두 발원하며 즐겁게 살자

 마음이 나로세

본래 마음이 나이건만
몸이 내가 된 삶이 되어
갖은 고통이 따랐다네

맘이 내가 된 삶으로서
갖은 고통이 없는 삶을
우리 누리고 살아보세

이리 쉽고도 쉬운 일을
어찌 등 돌린 삶으로서
고통 속에서 헤매는고

마음 수행을 모두 하여
나고 죽음이 없음으로
태평 세월을 누려보세

거룩한 만남

불법을 만난 건 행운 중 행운이고 내 생의 정점일세
거룩한 이 법을 만나는 사람이면 서로가 권하고 권을 하여
함께 하는 일상의 수행이 되어서 다 같이 누리는 낙원 이뤄
고통과 생사는 오간 데 없고 웃음과 평온만 넘치고 넘쳐
길이길이 끝이 없는 복락 누리세

여래의 큰 은혜 순간인들 잊으랴 수행해 크게 깨쳐
구제를 다함만 큰 은혜 갚음이니 노력과 실천 다해
우리 모두 씩씩한 낙원의 역군이 되어 봉화적인 이생의 삶
으로써
최선을 다하여 부끄럼 없는 대장부로, 은혜 갚는 장부로
길이길이 끝이 없는 복락 누리세

사람다운 삶

1. 사람이 사람다운 사람이 되려면
명상으로 비우고 비워서
고요의 극치에 이르러
자신을 발견한 슬기로써
마음을 다스리는 연마 후에
그 능력으로 모두가 살아가야
평화로운 세상이 활짝 열려
모두 함께 누릴 걸세

2. 서로가 다툼 없이 서로를 아껴서
마음으로 베풀고 베푸는
사회로 이루어 간다면
낙원이 멀리만 있는 것이 아니라
살고 있는 이대로가 낙원이란 걸
모두가 실감하는
우리들의 세상이 활짝 열려
모두 함께 누릴 걸세

 즐거운 마음

1. 우리 모두 선택받은 제자 되어
즐거운 맘 하나 되어 축하합니다
그 무엇을 이룬들 이리 좋으며
황금보석 선물인들 이만하리까
부처님의 가르침만 따르오리다
실천하리라 실천하리라

2. 부처님의 뒤 이을 걸 맹세하며
다짐으로 즐기는 맘 가득합니다
당당하게 행보하는 구세의 역군
혼신 다해 낙원 이룬 이 세계에서
함께 사는 즐거움을 생각하며
노래합니다 노래합니다

 사는 목적

우리 모두 행복을 찾아 영원을 찾아
내면 향해 비춰보는 명상으로
앉으나 서나 일을 하나 최선을 다하세
하루의 해가 서산을 붉게 물들이고
합장 기도하여 또 다짐과 맹서의 말
뜻 이루어 이 세상의 빛이 돼서
구류를 생사 고해에서 구제하는 사람으로
영원히 영원히 살 것입니다

바른 삶 1

우리 삶을 두고서 허무하다 누가 말했나
본래 마음이 나 아닌가
그 마음 나를 삼아 살면 되지
지금도 늦지 않네 우리 모두
오늘부터 모두들 마음으로 나를 삼아
길이길이 웃고들 사세

바른 삶 2

1. 어디어디 어디라 해도
마음 찾아 바로만 살면
그곳 바로 극락이라네
세상분들 귀담아듣고
사람 몸을 가졌을 때에
모든 고비 극복해내서
참선으로 참나를 깨쳐
걸림 없는 해탈의 세상
누려보세 누려들 보세

2. 어두운 곳 태양이 뜨듯
중생계에 불타 출현해
바른 삶으로 인도하셔
복된 날을 기약케 하니
아니아니 좋고 좋은가
이 몸 주인 통쾌히 깨쳐
억겁 업을 말끔히 씻고
걸림 없는 해탈의 세상
누려보세 누려들 보세

 닮으렵니다

관세음보살 관세음보살
지극한 마음으로 닮으려고
오늘도 노력하며 주어진 일을 하면
하루가 훌쩍 가는 줄도 모른다오
관세음 관세음보살
님께서 베푸는 그 넓은 사랑을
이 맘 속에 기르고 길러서
실천하는 그런 장부 되어서
큰 은혜 갚을 겁니다

🌸 수행과 깨침

1. 그릴 수도 없는 마음, 만질 수도 없는 마음
찾으려는 수행이라 모든 것을 다 버리고
모든 생각 비우기를 몇천 번이었던가
머리 터져 피 흘려도 멈출 수가 없는 공부
이 공부가 아니던가

2. 놓지 못해 우두커니 장승처럼 뭐꼬 하고 앉았는데
앞뒤 없어 몸마저도 공해버린 여기에서 이러-한 채
시간 간 줄 모른 채로 눈을 감고 얼마간을 지나던 중
한 때 홀연 큰 웃음에 화장계일세

🌸 걱정 말라

1. 걱정 말라 걱정을 말라 불보살님 말씀대로만 행한다면
안 풀리는 일 없다 하지 않았던가
육근으로 보시를 하며 웃고 살자 웃고들 살자
백년 미만 우리네 인생, 세상 만사 마음먹기 달렸다고
일러주시지 않았던가 걱정을 말라

2. 이리 봐도 저리를 봐도 모두모두 내 살림일세
간섭할 수 없는 내 살림 아니아니 그러한가
이리 펼치고 저리 펼쳐 육문으로 지은 복덕
베푸는 맛이 아니 좋은가 우리 사는 지구인 별 함께 가꿔
낙원으로 만들어서 살아들 보세

🌸 정한 일일세

우리네 삶이란 것
풀끝 이슬 아니던가
서로서로 위로하고 아끼면서
우리 모두 착한 삶이
이어져 가노라면
언젠가는 행복한
그날이 우리에게
찾아오는 것 정한 일일세
찾아오는 것 정한 일일세

 여기가 낙원

참나 찾아 영원을 향해
한눈 안 팔고 노력하고
가정 위해 사회를 위해
뛰고 뛰고 혼신을 다한
나의 노력 결실이 되어
일상에서 누리는 나날
선 자리가 낙원이 되니
초목들도 어깨 춤추고
산새들도 축하를 하네

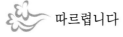 따르렵니다

1. 우리 모두 합장 공경 하옵니다
크고 작은 근심 걱정 씻어주려
우릴 찾아 오셨으니 감사합니다 고맙습니다

2. 우리 모두 손에 손을 맞잡고서
즐거웁게 노래하고 춤을 추며
우리에게 오신 님을 경하합니다 축하합니다

3. 우리들의 깊은 잠을 깨워주서
영생불멸 낙원의 삶 누리게끔
해주시려 오신 님을 공경합니다 따르렵니다

 지장보살

지장보살 두 눈의 흐르는 눈물
마르실 날 언제일까 생각하고 또 생각해도
이 세상의 사람들이 멀어지게만 하고 있네요
보살님 어찌해야 하오리까
반야의 실천으로 최선 다해 돕는다면
안 되는 일 있으리까
대원본존 지장보살 나무 지장보살
얼씨구나 절씨구나 한 판 놀음 덩실덩실 살
아들 보세

 나는 바보

나는 바보다 나는 바보야
역지사지 알다보니 바보가 되었네
그렇지만 내 주위는 언제나 웃음이 있고
나눔이 있어 행복하다네
나는 나는 그런 바보야
나는 나는 그런 바보야

 옛 고향

고향 옛 고향이 그리워 거니는 산책에
고요한 달빛 휘영청 밝고 밤새는
그 무슨 생각에 저리 부르는 노래인데
숲 타고 온 석종소리에 열리는 옛 내 고향
그리도 캄캄하던 생각들은 흔적도 없고
고요한 마음 옛 고향 털끝만큼도
가리운 것이란 없었는데
어찌해 그 무엇에 어두웠던고 고향길 옛 내 고향
나는 따르리라 끝없는 일이라 하여도
님 하신 구제 고난과 역경
그 어떤 어려움 닥쳐도
님 하시는 일이라면 멈추는 일 없을 것일세
이것만이 보은이라네 보은이라네

 곰탱이

곰탱이 곰탱이 미련 곰탱이
세상 사람 요구 따라 다 들어준
사람더러 곰탱이라네
요구 따라 따지지 않고
들어주기 바쁜 이를 놀려대며 하는 말
곰탱이 곰탱이 미련 곰탱아
그리 살다간 끝내는 빌어먹을 쪽박마저
없겠구나 미련 곰탱아
그래도 덩실덩실 추는 춤을
보며 깔깔 웃는 사람들아
웃는 자신 모르니 서글퍼 내 하는 말
한 판의 꿈속이라 천금만금 쓸데없네
깔깔 웃는 그 실체를 자신 삼아 사는 삶이 되길
바라고 바라는 곰탱이 춤이로세

미련 곰탱이

나는 나를 모르는 곰탱이 곰탱이 미련 곰탱이
나라는 나를 보고 듣는 그거라고 보여주듯 일러줌에
동문서답 일관하는 곰탱이 곰탱이 미련 곰탱이
그러므로 성현들의 천하태평 무릉도원 못 누리고
고생고생 살아가는 곰탱이 곰탱이 미련 곰탱이
그런 삶을 면하려면 나라는 나를 깨달아라
자상하게 이끈 말씀 이행 못한 곰탱이 곰탱이 미련 곰탱이
귀천 없이 이끌어서 선 자리가 안양낙원 되게 하신
말씀을 이행 못한 곰탱이 곰탱이 미련 곰탱이
궁전 낙을 저버리시고 고행 수도 다하셔서
나란 나를 깨침으로 영생의 낙원으로 이끄셨네
이 기회를 놓친다면 다시 만나기 어려웁고 어려우니
칠야삼경 봉화 같은 그 지혜의 광명 받아
각자 것이 되게 하란 그 말씀을
실행 못한 곰탱이 곰탱이 미련 곰탱이
그 지혜의 이끔 받아 각자 경지 이러-히 되는 날엔
백사 만사 무엇이든 뜻대로 이뤄진다 권한 말씀
실행 못한 곰탱이 곰탱이 미련 곰탱이
눈앞의 그 작은 것 쫓다가 영원한 삶의 낙 놓치지 않으려면
나란 나를 꼭 깨달으란 귀한 말씀
실행 못한 곰탱이 곰탱이 미련 곰탱이
금구 성언 귀담아듣지 않고 흘려듣다간
백 년도 못 채운 후회막심 삶 되리니
새겨듣고 새겨들어 실천하란 그 말씀
실행 못한 곰탱이 곰탱이 미련 곰탱이
실천하여 깨닫고 박장대소 하는 날엔
삼세 성현 모두모두와 곰탱이 곰탱이가
누리 안은 광명 놓네 누리 안은 광명 놓아 삼창을 할 거라네

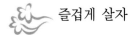 부처님의 말씀

부처님 말씀은 하나하나 자비더라
그러기에 불자들은 온화하고 선하더라
부처님 가르치는 이치는 흐르는 물이고
서늘한 산바람이며 봄꽃 향기요
심금을 울리는 연주요 노래요
포근한 어머니의 사랑이더라
바다처럼 넓고 넓은 자비의 품이더라
포근하고 온화한 그 가르침 하나하나
이치에 어긋남이 없으신 진실이더라
모두모두 다 함께 우리 모두 닮자구요
모두모두 다 함께 우리 모두 닮자구요
모두모두 다 함께 우리 모두 닮자구요
어쩌다 어쩌다 이런 가르침을 만났는지
이 다행 이 요행 헛되이 하지 않아
이 생에 깨달아서 이 크고 큰 은혜
갚는 일에 소홀하지 않으리라
감사합니다 감사합니다 우리 부처님
당신의 후예들마저도 유일하게
전쟁 같은 일들은 일으키지 않습니다
사랑하라 하면서 용서하라 하면서
사람이 사람을 죽이는 일
파리 목숨 취급하듯 하는 일이
있어서야 되겠습니까
혹시라도 이런 일이 종교에 있어서는
절대로 안 되는 일이라 믿습니다
관세음보살 나무아미타불
우리 모두 서로가 서로를 아끼고
사랑합시다 사랑합시다 사랑합시다

 즐겁게 살자

나를 찾아 행복을 찾아
내면 향한 명상으로 비춰보며
오늘도 최선을 다한 하루해가 져가네
노을빛 곱게 물이 들고 내 꿈도 이뤄져간다
생각만 하여도 보람찬 미소를 짓는다
세상만사 별것이더냐
서로서로 도와가며 살면서
틈틈이 내면 향한 명상으로
몸 건강 마음 건강 챙기며 사노라면
참나 깨친 박장대소도 짓고
세상 고별 마음대로 하는 날도 있을 걸세
그런 날을 기대하며 일하고 명상하며
하루하루 즐겁게 살자

행복이란

즐거웁게 즐겁게
살아가면 좋잖아
한 번뿐인 인생인데
모두 활짝 웃어요
신이 나게 웃어요
행복이란 돈과 직위에
있는 것 아니라네
행복이란 그 어떤 마음으로
사느냐에 있다네
다 같이 다 같이 웃어들 봐요
그 웃음 타고 행복이 오네
짧은 인생살이 이렇게
만들어가며 살아들 보세

두고두고 할 일

아미타불 사유를 깊이깊이 하여서
하늘땅 생긴 이래 오늘에 이르도록
크나큰 은산철벽 너머 일처럼
까마득히 모르던 나를 깨달았으나
모양 빛깔 없어서 쥐어줄 수도
보여줄 수도 없는 일이라서
입은 옷 뒤집어 보이듯 못하니 한이구나
그러나 보고 듣고 하는 바로 그것이니
마음눈을 활짝 열어 듣는 그곳 향해 살펴봐요, 살펴봐
하늘땅이 간 곳 없고 자신까지 사라진 데서
듣고 아는 그것 내가 아니던가
깊이깊이 참구해서 참나 찾아 결정신을 내리게나
다생겁의 윤회 중에 몸종 노릇 허사란 걸 경험하지 않았던가
그 깨달음에 비추어 세상 일에 응해가며
보림수행하는 일에 방심하지 않아서
구경각을 성취 후에 모든 류를 구제해서
큰 불은 갚음만이 두고두고 할 일일세, 두고두고 할 일일세

화엄의 세계

1. 각자 마음 깨닫고 봐요
누리 그 모두가 장엄이네 장엄, 빛의 장엄
어느 하나 마음의 장엄 아닌 게 없네, 없어
다함 없고 끝이 없는 보고 듣는 마음 하나 바로 쓰면
이대로가 무릉도원 화엄의 세계로세

2. 보고 듣고 느끼고 생각하는
그 모든 것 장엄이네 장엄, 빛의 장엄
어느 하나 빛의 장엄 아닌 게 없네, 없어
다함 없고 끝이 없는 보고 듣는 마음 하나 바로 쓰면
이대로가 화장세계 장엄의 세계로세

🌸 일체유심조

듣는 나를 내가 보니　　함께 이뤄 누립시다　　(아리랑 후렴)　　　　　손에 손을 서로잡고
바탕 없는 그 몸에　　　함께 이뤄 누립시다　　　　　　　　　　　함께 누린 삶으로써
　　　　　　　　　　　　　　　　　　　　　　전능으로 베풀어서
갖은 묘용 지녀 있어　　어화둥둥 좋고 좋아　　모두 함께 즐겨가며　　일상이 된 이런 삶이
오고 감은 물론이요　　얼씨구나 좋고 좋다　　　　　　　　　　　맘이 나 된 결과로세
　　　　　　　　　　　　　　　　　　　　　후세들을 깨우는 낙
일체 모두 지어내고　　이 마음이 내가 된 삶　　함께 하는 삶이니　　이런 일을 아니하고
그걸 또한 응용하여　　이렇게도 상상밖에　　　　　　　　　　　그 무엇을 할것인가
　　　　　　　　　　　　　　　　　　　　　이 아니들 좀도 좋고
자유자재 그 능력　　　달라질 수 있을까-　　얼씨구나 좋고 좋다　　모두 모두 맘이 나된
못하는 것 하나 없네　　너무나도 달라져서　　　　　　　　　　　그 일 실천 꼭 하여서
　　　　　　　　　　　　　　　　　　　　　이 능력과 이 힘이면
온 누리에 펼쳐놓고　　내자신이 놀라웁고　　온 세상을 바꿔 놓는　　태평세월 함께 누린
어울려 누려사세　　　놀라워서 뭐라못해　　　　　　　　　　　그런 삶을 누려보세
　　　　　　　　　　　　　　　　　　　　　그 어떠한 일이라도
이리 좋은 자기능력　　조용하고 차분함 속　　어려울게 뭐 있으리　　얼씨구나 좀도 좋고
전혀 몰라 헤매이는　　이 즐거움 말로 못해　　　　　　　　　　　절씨구나 좋고 좋다
　　　　　　　　　　　　　　　　　　　　　뜻있으면 길이 있고
세상 사람 갖은 고통　　온 누리를 선 자리서　　길있으면 하면 되는　　(아리랑 후렴)
몸종 노릇 결과이니　　볼 수 있는 능력이여
　　　　　　　　　　　　　　　　　　　　　이리 좋은 그 방법이
마음 나된 삶으로써　　과거일을 알 수 있고　　맘이 나된 그거로세
억겁 굴레 벗어나서　　미래일을 예감하는
　　　　　　　　　　　　　　　　　　　　　이리 좋은 길을 두고
맘이 지닌 능력회복　　지혜능력 갖춰있어　　안할 사람 뉘 있으리
한시 빨리 이루어서　　실수란 것 없는 삶-
　　　　　　　　　　　　　　　　　　　　　이 일만이 길이길이
영원한 본래 삶을　　　꿈 세계도 창조하는　　행복누릴 길이로세
같이 누려 살아 가세　　모두 지닌 능력이니
　　　　　　　　　　　　　　　　　　　　　넓고 넓은 누리 정원
(아리랑후렴)　　　　　뜻 있으면 가능하니　　펼쳐 놓고 모두 함께
　　　　　　　　　　이 아니 전능한가

🌸 내 마음 내가 된 삶

내 마음 내가 된 삶
모두들 살아봐요

신기하고 신기하다
신기하고 신기해
(세번 반복)

내 마음 내가 되니
영원한 삶이로세

신기하고 신기하다
신기하고 신기해
(세번 반복)

내 마음 내가 되니
안되는 일 없구나

신기하고 신기하다
신기하고 신기해
(세번 반복)

(아리랑 후렴)

꿈 세계도 창조한데
무엇인들 안될건가

신기하고 신기하다
신기하고 신기해
(세번 반복)

원근거리 상관없이
동시에 이르르니

신기하고 신기하다
신기하고 신기해
(세번 반복)

산하석벽 걸림 없이
자유로이 오고가니

신기하고 신기하다
신기하고 신기해
(세번 반복)

(아리랑 후렴)

상대방의 마음도
읽어낼 수 있으니
그 아니 신기한가

신기하고 신기하다
신기하고 신기해
(세번 반복)

과거 현재 미래 일을
앞 일처럼 아는 능력

신기하고 신기하다
신기하고 신기해
(세번 반복)

내 마음 내가 되면
이런 자유 누려사니
그 아니 신기한가

신기하고 신기하다
신기하고 신기해
(세번 반복)

온 누리의 모든 사람
이 행복을 같이 누려
살아들 봅시다

신기하고 신기하다
신기하고 신기해
(세번 반복)

아리랑 아리랑 아라리요
아리랑 고개로 넘어간다

 좀도 좋다

듣는 나를 알지 못해
생활하는 그 가운데
알고파서 명상한데

어허 참말 이럴수가
창피하고 창피하다
창피하고 창피해-

듣는 그 곳 살펴보면
허공처럼 텅텅비어
어찌해야 옳을지를

어허 참말 이럴수가
창피하고 창피하다
창피하고 창피해-

허공처럼 비었으나
그게 듣고 대답하니
그게 바로 내 아닐까

어허 참말 이럴수가
창피하고 창피하다
창피하고 창피해-

그러다가 깨달으니
나고 죽음 본래없는
온통 온통 나로구나

얼씨구야 절씨구야
좀도 좋고 좀도 좋다
좀도 좋고 좀도 좋아

맘이 나 된 삶을 사니
낙원 따로 없는 것을
멍청하게 살았구려

얼씨구야 저절시구
좀도 좋고 좀도 좋다
좀도 좋고 좀도 좋아

꿈의 세계 창조했던
그 능력은 오직 하나
맘이 나된 때문일세

얼씨구야 저절시구
좀도 좋고 좀도 좋다
좀도 좋고 좀도 좋아

이 마음이 내가 되니
천리 만리 시차없고
아니된 일 전혀 없네

얼씨구야 저절시구
좀도 좋고 좀도 좋다
좀도 좋고 좀도 좋아

낙원의 삶 이 아닌가
영원의 삶 이 아닌가
맘이 나 된 삶을 사세

얼씨구야 저절시구
좀도 좋고 좀도 좋다
좀도 좋고 좀도 좋아

그 말씀

1. 님들의 고구정녕 그 말씀 맘에 새기세
그러면 오는 날엔 행복을 누리며
이웃들을 도우며 살리
개미처럼 개미처럼 개미처럼
개미처럼 개미처럼 개미처럼
개미처럼 개미처럼 개미처럼
이것저것 논하려 하지 말고 서로가
서로를 도와 세상을 이끄는 데 노력하면
이 세상의 그 어떠한 일일지라도
못 이룰 일 없을 것일세
꿀벌처럼 꿀벌처럼 꿀벌처럼
꿀벌처럼 꿀벌처럼 꿀벌처럼
꿀벌처럼 꿀벌처럼 꿀벌처럼

2. 님들의 가르침을 실행한 덕으로써
마음에 갖추어진 갖가지 능력을
부려 써서 누리는 삶을
개미처럼 개미처럼 개미처럼
꿀벌처럼 꿀벌처럼 꿀벌처럼
더불어 함께하면 별유천지 눈앞에 일이로세
이 모든 것이 참고 참아 극복해 이겨냈던
그 공덕의 결실이로세 그 공덕의 결실이로세
구름위의 백학처럼 구름위의 백학처럼 구름위의 백학처럼
함께누려 살아가세 함께누려 살아가세 함께누려 살아가세

웃고 살자

1. 아하하하 우습다 아하하하 우스워
제 그림자 모르고 저라 하는 사람 보고 아니 웃고 울랴
아하하하 우습다 아하하하 우스워(3번 반복)
여섯 도적 종노릇에 헌신하는 사람 보고 아니 웃고 울랴
아하하하 우습다 아하하하 우스워
저승세계 코앞인데 대비 없는 사람 보고 아니 웃고 울랴
아하하하 우습다 아하하하 우스워(3번 반복)
참나 찾지 아니하고 허송하는 사람 보고 아니 웃고 울랴
아하하하 우습다 아하하하 우스워(3번 반복)
아리랑 아리랑 아라리요
아리랑 고개를 넘어간다
나를 버리고 가시는 님은
십 리도 못 가서 되돌아온다

2. 즐겁고도 즐겁다 즐겁고도 즐거워(3번 반복)
좋은 인연 있었던가 거룩한 이 만나서 참나 찾은 이 행운이
즐겁고도 즐겁다 즐겁고도 즐거워(3번 반복)
이 행운을 나 혼자서 누리기에 아쉬워 인도하려 나섰는데
아리랑 아리랑 아라리요 아리랑 아리랑 아라리가 났네
즐겁고도 즐겁다 즐겁고도 즐거워(3번 반복)
영원한 나 찾음으로 한순간에 성취한 낙원의 삶 권하나니
즐겁고도 즐겁다 즐겁고도 즐거워(3번 반복)
우리 모두 다 함께 얼싸안고 누리는 그런 세상 노력하세
즐겁고도 즐겁다 즐겁고도 즐거워(3번 반복)
아리랑 아리랑 아라리요
아리랑 고개를 넘어간다
청천 하늘엔 잔별도 많고
이내 가슴엔 희망도 많다

서로서로 나누면서

버들 푸르고 꽃 만발하고 나비 춤이더니
녹음이 우거지고 매미들의 노래 가득한 천지
울긋불긋 고운 단풍 어제인 듯한데 눈이 오네
우리 모두의 삶 저러하고 저렇지 않던가
보기도 아까웁고 소중한 형제 자매들이니
서로서로 나누면서 짧은 우리네 삶을 즐김으로 살아가세

사람 사는 이치

이 세상 사람들 사는 것
농부들 농사를 짓는 것과
조금도 다를 바 없는 이치이니
여러분 귀 기울여 들어보시오
얼씨구나 좋네 지화자 좋네 아니아니 그러한가

봄이 되면 깊이깊이 간직해 둔 씨곡식을
꺼내다 땅을 파고 다듬어서 골을 파고 뿌린 후에
오뉴월 찜더위에 구슬땀을 흘리면서
김을 매어 가꾸는 것은 엄동설한 추운 날에
사랑하는 부모님과 아내 자식들 모두
잘 지내게 하려는 깊은 뜻에서라네
얼씨구나 좋네 지화자 좋네 아니아니 그러한가

어떤 이가 말을 하기를 늘 현재만을 즐겁게 살자
강변함을 보았는데 좋은 말이기는 하지만
그 말은 자칫하면 희망이 없는 잘못된 말이라네
그러므로 내일을 위하여 오늘의 어려움을 즐기면서
밝게밝게 살아갑시다
얼씨구나 좋네 지화자 좋네 아니아니 그러한가

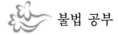 불법 공부    좋구나

1. 이 세상 사는 분들게
권하오니 나를 찾는
이뭐꼬 화두 공부를
곰곰이 챙기고 챙겨
쉬지 않고 하다보면
하늘땅도 흔적 없이
사라지고 몸 없는 내가
환한 웃음 짓는 날이
있을테니 결정신을
내리어서 우리 함께
길이길이 누립시다

2. 불법 만난 이 다행을
그 무엇과 비교하랴
이 다행을 만났을 때
최선 다한 실행으로
금생에서 크게 깨쳐
불보살님 칭찬 받는
오후보림 필히 마쳐
중생 다한 그때까지
님의 은혜 갚을 것을
굳은 의지 맹서로써
다짐하고 다짐하세

3. 때가 없고 장소 없이
뜻을 따라 이뤄지는
이리 좋은 세상살이
본래부터 갖춰짐을
누리는 삶 우리 모두
일심동체 그리 되어
이 생 저 생 할 것 없이
얼씨구나 절씨구나
노래하고 춤도 추며
천생만생 누립시다
길이길이 누립시다

좋구나
이곳이 어때서
낙원에 장소가 있나요

마음이 착하면
선 곳이 무릉도원
이런 삶이 참 삶이라네

미소를 지으며
손에 손을 잡고서
태평가를 모두들 불러요

우리들 이렇게 서로 만나 사는 것
백겁천생 인연이라네

세월아 맞춰라
내 즐기고 즐기며
함께하는 이들에게 위로를 하려네

영원한 행복 찾기

불법

1. 사람 사람마다
지닌 그 마음이
내가 된 삶으로
살아 가노라면
자연 알게 되네

둥글고 둥글게
모남없이 살자
(세번 반복)

마음 먹은대로
하고 싶은대로
척척 이뤄지고
꿈을 창조하던
능력 부린 날도
멀지 않으리니

둥글고 둥글게
모남없이 살자
(세번 반복)

노력 실천 다해
영원한 삶으로
영원한 행복을
함께 누려보세
함께 누려보세

둥글고 둥글게
모남없이 살자
(세번 반복)

2. 사람 사람마다
맘을 깨달아서
맘이 내가 되면
평등 그 자체라
자연인이 되어

둥글고 둥글게
모남없이 살자
(세번 반복)

서로 어울려서
나눈 인간미들
행복 그 자체며
오간 말들마다
온화한 그 체취

둥글고 둥글게
모남없이 살자
(세번 반복)

차별없는 베풂
풍족한 맘이고
가족같은 일상
낙원의 이 삶을
함께 누려보세
함께 누려보세

둥글고 둥글게
모남없이 살자
(세번 반복)

불법은 내게 있어
첫째도 둘째에도
내 삶의 이유이고
내 삶의 온통이며
마음의 광채이고
마음의 자비이며
자비의 실천이고
자비의 일상이며
희망의 꽃밭이고
희망의 피안이며
서원의 동력이고
서원의 자산이며
모두의 태평이고
모두의 영원일세

금강의 노래 1

일 없는 경지인 부처님, 중생 위해
한순간도 쉼 없이 일심전력 쏟으시네.

 사위국 기수급고독원서 1250명의 비구
들과 계실 때 세존께서 공양 때가 되자
가사 입고 발우 들고 사위성에 들어 차
례차례 비신 후에 본 곳에 오셔 드시고
가사 발우 거둔 다음 발 씻고 자리 펴 앉
으셨네.
 이때 장로 수보리 대중 가운데 있다가
자리에서 일어나 오체투지로 앉아 공경
히 합장하고 부처님께 여쭙기를
 "희유합니다. 세존이시여. 모든 수행하
는 보살들에게 잘 생각하여 지키게 하시
고 잘 부촉하셨습니다. 그러나 세존이시
여 아녹다라삼먁삼보리 마음을 내어 어
떻게 머무르며 어떻게 그 마음을 항복시
켜야 합니까?"
 "착하고도 착하구나. 수보리야. 네가 말
한 대로 여래는 모든 보살들이 잘 생각
하여 지키게 하였고 모든 보살들에게 잘
부촉하였다. 그러나 제삼 청하니 너희들
은 자세히 들거라. 그대들을 위해 일러
주리라.
 선남자 선여인들이여, 아녹다라삼먁삼
보리 마음을 내어 마땅히 이러-히 머물
고 이러-히 그 마음을 항복시켜야 하니
라."

금구성언 말씀대로 실천 다해
내 기어이 성취하여 구류 구제
최선 다해 큰 은혜를 보답하리

 "그러하오나 세존이시여, 정말 그렇습
니다만 바라옵건대 보다 더 자세히 듣고
자 하나이다."
 부처님께서 수보리에게 말씀하시기를
 "모든 보살마하살은 마땅히 이러-히 그
마음을 항복시켜야 하니라. 내가 모든
중생들인 아홉 가지 무리들을 모두 남김
없이 열반에 들게 하여 이러-히 한량없
고 수없고 끝없는 중생을 멸도해서는 진
실로 멸도 얻은 중생이 없어야 하니라.
 왜냐하면 수보리야 만일 보살이 아상,
인상, 중생상, 수자상이 있다면 곧 보살
이라 할 수 없기 때문이다.
 수보리야, 보살은 마땅히 법에도 머무
름 없이 보시를 해야 하는 것이니 색에
머무름 없이 보시를 해야 하며, 소리나
향기나 맛이나 촉감이나 법에도 머무름
없이 보시를 해야 하니라.
 수보리야, 마땅히 보살은 이러-히 보시
를 하여 모든 상에 머무름이 없어야 하
는 것이니, 만약 보살이 상에 머무름 없
이 보시를 하면 그로 인한 복덕은 생각
으로 헤아릴 수 없느니라. 왜냐하면 끝
없는 미래에 누리기 때문이니라.
 그대는 어떻게 생각하느냐? 몸과 모
양으로 여래를 볼 수 있겠느냐, 없겠느
냐?"
 "볼 수 없습니다. 세존이시여. 몸과 모
양으로는 여래를 볼 수 없습니다. 왜냐
하면 여래께서 말씀하신 몸과 모양은 곧
몸과 모양이 아니기 때문입니다."

"수보리야, 무릇 있는 바 상이 모두 허망하다고들 하나 만약 모든 상이 상 아님을 보면 바로 여래를 본 것이니라."

금구성언 말씀대로 실천 다해
내 기어이 성취하여 구류 구제
최선 다해 큰 은혜를 보답하리

수보리가 부처님께 여쭈었다.
"이상과 같은 말씀을 듣고 참답게 믿음을 낼 중생이 있겠습니까?"
"수보리야, 그런 말을 말라. 내가 열반한 뒤 오백 세가 지난 후라도 계행을 갖추고 복을 닦는 사람이 있어서 이 글귀에 능히 믿는 마음을 내어 이로써 참다움을 삼을 것이니라.
마땅히 알라. 이 사람은 한 부처님, 두 부처님, 세 부처님, 네 부처님, 다섯 부처님에게만 선근을 심은 것이 아니라 이미 한량없는 천만 부처님 처소에서 선근을 심었기에 이 글귀를 듣고 지극한 한 생각에 깨끗한 믿음을 내니라."

금강반야바라밀
금강반야바라밀
금강반야바라밀

금구성언 말씀대로 실천 다해
내 기어이 성취하여 구류 구제
최선 다해 큰 은혜를 보답하리

금강의 노래 2

일 없는 경지인 부처님, 중생 위해
한순간도 쉼 없이 일심전력 쏟으시네.

수보리가 부처님께 여쭈었다.
"세존이시여, 부처님께서 아뇩다라삼먁
삼보리를 얻으셨다 하나 얻은 바 없습니
다."
"그렇고 그렇다 수보리야. 나에게는 아
뇩다라삼먁삼보리나 그 어떤 조그마한
법도 얻음이 없으니 이를 이름하여 아뇩
다라삼먁삼보리라 하니라.
수보리야 이 법은 평등하여 높고 낮음이
없기에 이를 이름하여 아뇩다라삼먁삼보
리라 하니라. 아도 없고, 인도 없고, 중
생도 없고, 수자도 없이 모든 선법을 닦
아야 곧 아뇩다라삼먁삼보리를 얻느니
라.

금구성언 말씀대로 실천 다해
내 기어이 성취하여 구류 구제
최선 다해 큰 은혜를 보답하리

수보리야 선법이라고 말한 것도 여래가
곧 선법도 아닌 이것을 이름하여 선법이
라 할 뿐이니라.
수보리야 만일 어떤 사람이 삼천대천세
계 가운데 있는 모든 수미산왕만 한 일
곱 가지 보배 무더기로 보시한다 해도
이 반야바라밀경의 네 글귀 게송만이라
도 받아 지녀 읽고 외워서 다른 사람을
위하여 설하여 주는 이가 있다면 앞에서
일곱 가지 보배로 보시한 복덕으로는 백

천만억의 일에도 미칠 수 없느니라.
왜냐하면 그 복덕은 끝없는 미래에 누리
기 때문이니라.

다른 사람을 위하여 어떻게 말하여 주겠
느냐?
취할 상이란 것도 없으니 이러-하고 이
러-해서 움직임이 없도록 하라.
왜냐하면 모든 함이 있는 법은 꿈 같고,
허깨비 같고, 물거품 같고, 그림자 같으
며, 이슬 같고, 번개 같아서 마땅히 이
러-히 보아야 하기 때문이니라.

금구성언 말씀대로 실천 다해
내 기어이 성취하여 구류 구제
최선 다해 큰 은혜를 보답하리

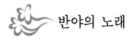 반야의 노래

일 없는 경지인 부처님, 중생 위해
한순간도 쉼 없이 일심전력 쏟으시네

내면 향해 비춰보는 지혜로써 이 몸 공함 바로 보아
나고 죽는 모든 괴로움 벗어나신 관자재의 말씀
들어보오

색이라 하나 공과 다르지 아니하고
공이라 하나 색과 다르지 아니하여
색 그대로 공이고, 공 그대로 색이며
받는 것, 생각하는 것, 행하는 것, 분별도 그렇다네

모든 법의 상도 또한 공했나니
나고 죽음 본래 없고 더럽지도 깨끗지도 아니하며
늘지도 줄지도 않는다네

금구 성언 옳은 말씀
수행이란 힘이 들어도
고비 넘겨 이뤄만 봐요
더 없는 행복을 이루네

공 가운데 색 없어서, 받는 것, 생각하는 것, 행하
는 것, 분별도 없고
눈과 귀와 코와 혀, 몸과 뜻도 없고
빛과 소리, 향기와 맛, 닿는 것과 법도 없어
눈으로 볼 경계 없어 뜻으로 분별할 경계도 없고
무명 없고 무명 다함 또한 없다시네
그러므로 늙고 죽음 없고, 늙고 죽음 다한 것도 본
래 없어
고와 집과 멸과 도도 없다 하고
지혜도 없고 또한 얻음마저 없으니, 얻을 바 없는
까닭이라네

금구 성언 옳은 말씀
이 경지가 힘이 들어도
굽이 넘겨 이뤄만 봐요
영원한 행복을 이루네

보살님들 반야바라밀다를 의지하는 까닭으로
마음에 걸림 전혀 없고
걸림 없는 까닭으로 두려움이 전혀 없어
엎어지고 거꾸러진 꿈결 같은 생각들이
전혀 없어 마침내 열반이라네

삼세 모든 부처님도 지혜로써 저 언덕에 이르
름을 의지한 고로
무상정변정각 이뤘나니 그러므로 알지어다
반야바라밀다는 이러-히 크게 신령한 주며 이
러-히 크게 밝은 주며
이러-히 위없는 주며 이러-히 차별 없는 차별
하는 주라
능히 모든 괴로움을 없앤다 함 진실이지 거짓
없네

아제 아제 바라아제 바라승아제 모지 사바하
아제 아제 바라아제 바라승아제 모지 사바하
아제 아제 바라아제 바라승아제 모지 사바하

금구 성언 옳은 말씀
이 경지를 최선을 다해
이룬다면 끝없는 삶에
영원한 행복을 이루네

치유의 노래

요즈음의 우울증과 가지가지 신경성 질환에 시달리는 사람들
세상에서 들리는 저 모든 소리들을
나의 내면에서 듣는 곳을 향해 비춰보오
쉬운 일은 아니지만 포기하지 않고
듣는 곳을 향해 보고 또 보는 것을
하루 이틀 한 달 두 달 지속하다 보면
어느 날 밖이 없는 고요를 체험하게 될 것일세
얼씨구나 좋네 지화자 좋네 아니아니 그러한가

그 고요를 지속하도록 노력하노라면
어느 날 대상 없는 미소와 동시에 편안함을 체험하게 될 것일세
밖이 없는 이 고요의 편안함을 즐기다 보면
어느 날 밖의 어느 인연을 맞아 그 실체인 자신을 발견할 것일세
이 실체를 발견한 뒤 세상을 살아가는 과정에서
어려운 일이 있으면 바로 그 실체에 비춰 보게
그 어려운 것들이 사라지고 밖이 없는 고요로운 실체의 자신이
대상 없는 미소를 짓게 될 것일세
얼씨구나 좋네 지화자 좋네 아니아니 그러한가

효

1. 아들 딸이 귀엽고 사랑스런 그 속에 우리들의 부모님
어려움에도 끝내 가르치고 기른 정 이제 읽으며
늦은 눈물로써 불초를 뉘우치며 맹세하고 다짐하는
아들 딸이 여기 있으니, 건강히 오래만 사시기를
손 모아 손을 모아 간절하게 바라고 또 바라는
기도를 하옵니다 부모님 입이 귀에 걸리시게 할 겁니다

2. 어렵고도 어려운 보릿고개 그 속에 우리들을 먹이고
가르치느라 정말 그 얼마나 고생이 되셨습니까
허리 두 끈으로 졸라맨 아픔으로 사셨죠
정말정말 오래도록 건강하게만 계셔주신다면
아들 딸을 낳으시고 길러주신 그 노고에 크게 보답할 겁니다
아버님 어머님의 입이 귀에 걸리시게 할 겁니다

🌸 내 말 좀 들어봐요

모두모두 내 말 좀 들어봐요
이 몸이 내가 아니라 이 마음이 나 아닌가
살아가는 생활 속에 명상을 하여
이 맘 찾아 나를 삼아 살아를 봐요
모든 속박 모든 괴롬 벗어나는 아주 좋은 일이니
이제라도 안 늦으니 명상으로 뜻 이루어
영원한 생명, 영원한 행복 우리 모두 누려들 보세
사막화를 막고 사막 경영 시대를 열자

사막화로 급속히 변해가는 이 지구를
방치해선 아니 되네 방치하면
지구가 생긴 이래 최악의 상태 됨은
불을 보듯 뻔한 일일세, 하지만

육십 억의 온 인류가 한 마음 한 뜻 되어
황무지는 돌나물로 푸른 초원 만들고
확장되는 사막화를 배수관의 바닷물로 막는다면
지구가 생긴 이래 가장 살기 좋은 시대를
인류는 맞을 걸세

아리랑 아리랑 아라리요
아리랑 고개를 넘어간다
청천 하늘엔 잔별도 많고
이내 가슴엔 희망도 많다

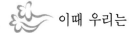 ## 사막은 지구의 심장

21세기는 사막 경영 시대를 열어
연구에 노력을 다한다면
지상 낙원이 인류에게 달려와서 맞을 걸세

육십 억의 온 인류가 손에 손잡고 한 뜻 되어
사랑하는 마음으로 역경을 헤쳐 나가
사막화를 막고 황무지를 초원으로
살기 좋은 지구촌을 이뤄보세
살기 좋은 지구촌을 이뤄보세

아리랑 아리랑 아라리요
아리랑 고개를 넘어간다
청천 하늘엔 잔별도 많고
이내 가슴엔 희망도 많다

이때 우리는

1. 화산의 폭발로 해서 사람들과 모든 것이 용암펄로 화해버린
이 막막한 우리들을 올바르게 영원으로 끌어주실
성인 중의 성인이신 불보살님 나라에 가 나는 게 꿈이네

2. 태풍이 인가를 덮쳐 다정했던 이웃들은 간 곳 없고
어지러운 벌판 되어 처참하고 참담하기 그지없는 무상한
이 현실에 의지할 분, 생명 밝혀 영원케 한 부처님 뿐이네

3. 지진이 우리의 삶을 삼켜버려 초토화가 되어버린
허망하기 그지없는 우리들의 현실에선 사방천지 둘러봐도
의지해야 할 분은 자신 깨쳐 누리라 한 부처님 뿐이네

잘 사는 비결

참지 못한 결과는 어려움이 닥치고
참고 참는 결과는 좋은 일이 온다네
친구들아 모든 일 힘을 합쳐 맞으면
못 이룰 일 없지만
니 떡 너 먹고 내 떡 나 먹는 그럼 마음 쓴다면
될 일도 아니 된다네
우리 서로 뜻을 합쳐 모두모두 잘 살아보세
이미 이룬 과학문명 선용을 해서 용맹심을 내어
모든 일에 임한다면 행복이 줄을 서서 올 걸세
아리랑 아리랑 아라리요
아리랑 고개를 넘어간다
청천 하늘엔 잔별도 많고
이내 가슴엔 희망도 많다

용서한 결과로는 웃는 날을 맞이하고
베푼 뒤엔 참 좋은 이웃들이 생기네
친구들아 서로들 힘을 합쳐 임하면
못할 일이 없지만
니 떡 너 먹고 내 떡 나 먹는 그런 마음 쓴다면
될 일도 아니 된다네
오늘부터 뜻을 합쳐 우리 한번 잘 살아보세
이미 이룬 과학문명 선용을 해서 용맹심을 내어
모든 일에 임한다면 행복이 줄을 서서 올 걸세
아리랑 아리랑 아라리요
아리랑 고개를 넘어간다
청천 하늘엔 잔별도 많고
이내 가슴엔 희망도 많다

만들자

1. 빌딩숲의 실외기 열
오고가는 차 배기가스
사람소리 기계소리를
원림 속의 새소리와
개울소리 미풍소리
그것으로 만들자 만들자 만들자

2. 이익 따져 주고받는
설왕설래 어지러움
높고 낮은 금속음들을
매미소리 물소리와
노래하는 환경으로
우리 함께 만들자 만들자 만들자

3. 하늘 맑고 별이 빛난
조용하고 시상 뜨는
그런 환경 거닐면서
손에 손을 마주 잡고
노래하는 세상으로
우리 함께 만들자 만들자 만들자

정직하고 착한 마음

1. 정직하고 착한마음
우리모두 실천하면

먼저 가정 화평하고
웃음 꽃에 향내나며

이웃간에 믿음 깊어
서로 소통 이뤄져서

나라위한 일이라면
솔선수범 모두하고

서로 믿는 사회여서
안되는 일 없을걸세

서로 믿고 웃는 사회
우리 모두 힘 모아서
낙원 나라 이뤄내어
세계 이끈 나라 되세

2. 정직하고 착한 행동
우리 모두 실천하면

믿는 마음 두려워져
서로서로 돕게 되고

그리되면 힘 모아서
일일마다 쉬 이뤄져

앞서가는 나라되고
대접받는 국민되어

곳곳에서 우러르는
그런 국민 될 것일세

서로 믿고 웃는 사회
우리 모두 힘 모아서
낙원 나라 이뤄내어
세계 이끈 나라되세

3. 이런 마음 이런 행이
우리 조상 바탕이니

우리 국민 이뤄내어
봉화적인 나라로써

지구촌을 낙원으로
이뤄내는 나라되어

가는 곳곳 두르르는
그런 국민 그런 나라

그런 조상 그런 사상
꽃 피우는 국민 되세

서로 믿고 웃는 사회
우리 모두 힘 모아서
낙원 나라 이뤄내어
세계 이끈 나라 되세

도서출판 문젠(Moonzen Press)의 책들

1. 바로보인 전등록 (전30권을 5권으로)

7불과 역대 조사의 말씀이 1,700공안으로 집대성되어 있는 선종 최고의 고전으로, 깨달음의 정수가 살아 숨쉬도록 새롭게 번역되었다.

464, 464, 472, 448, 432쪽.
각권 18,000원

2. 바로보인 무문관

황룡 무문 혜개 선사가 저술한 공안집으로 전등록, 선문염송, 벽암록 등과 함께 손꼽히는 선문의 명저이다.

본칙 48개와 무문 선사의 평창과 송, 여기에 역저자인 대원 선사의 도움말과 시송으로 생명과 같은 선문의 진수를 맛보여 주고 있다.

272쪽. 12,000원

3. 바로보인 벽암록

설두 선사의 설두송고를 원오 극근 선사가 수행자에게 제창한 것이 벽암록이다.

이 책은 본칙과 설두 선사의 송, 대원 선사의 도움말과 시송으로 이루어져, 벽암록을 오늘에 맞게 바로 보이고 있다.

456쪽. 15,000원

4. 바로보인 천부경
우리 민족 최고(最古)의 경전 천부경을 깨달음의 책으로 새롭게 바로 보였다. 이 책에는 81권의 화엄경을 81자에 함축한 듯한 천부경과, 교화경, 치화경의 내용이 함께 담겨 있으며, 역저자인 대원 선사가 도움말, 토끼뿔, 거북털 등으로 손쉽게 닦아 증득하는 문을 열어놓고 있다.
432쪽. 15,000원

5. 바로보인 금강경
대원 선사의 『바로보인 금강경』은 국내 최초로 독창적인 과목을 내어 부처님과 수보리 존자의 대화 이면의 숨은 뜻을 드러내고, 자문과 시송으로 본문의 핵심을 꿰뚫어 밝혀, 금강경 전체를 손바닥 안의 겨자씨를 보듯 설파하고 있다.
488쪽. 15,000원

6. 세월을 북채로 세상을 북삼아
대원 선사의 선시가 담긴 선시화집 『세월을 북채로 세상을 북삼아』는 선과 시와 그림이 정상에서 만나 어우러진 한바탕이다. 선의 세계를 누리는 불가사의한 일상의 노래, 법열의 환희로 취한 어깨춤과 같은 선시가 생생하고 눈부시게 내면의 소리로 흐른다.
180쪽. 15,000원

7. 영원한현실

애매모호한 구석이 없이 밝고 명쾌하여, 너무도 분명함에 오히려 그 깊이를 헤아리기 어려운, 대원 선사의 주옥같은 법문을 모아 놓은 법문집이다.
400쪽. 15,000원

8. 바로보인 신심명

신심명은 양끝을 들어 양끝을 쓸어버리는, 40대치법으로 이루어진, 3조 승찬 대사의 게송이다. 이를 대원 선사가 바로 번역하는 것은 물론, 주해, 게송, 법문을 더해 통쾌하게 회통하고 자유자재 농한 것이 이 『바로보인 신심명』이다.
296쪽. 10,000원

9. 바로보인 환단고기 (전5권)

『바로보인 환단고기』 1권은 민족정신의 정수인 환단고기의 진리를 총정리하여 출간하였다. 2권에는 역사총론과 태초에서 배달국까지 역사가 실려 있으며, 3권은 단군조선, 4권은 북부여에서부터 고려까지의 역사가 실려 있다. 5권에는 역사를 증명하는 부록과 함께 환단고기 원문을 실었다.
344 · 368 · 264 · 352 · 344쪽.
각권 12,000원

10. 바로보인 선문염송 (전30권)

선문염송은 세계최대의 공안집이다. 전 공안을 망라하다시피 했기에 불조의 법 쓰는 바를 손바닥 들여다보듯 하지 않고는 제대로 번역할 수 없다. 대원 선사는 전 공안을 바로 참구할 수 있게끔 번역하고 각 칙마다 일러보였다.

352 368 344 352 360 360 400 440 376 392 384 428 410 380 368 434 400 404 406 440 424 460 472 456 504 528 488 488 480 512쪽 각권 15,000원

11. 앞뜰에 국화꽃 곱고 북산에 첫눈 희다

대원 선사의 선문답집으로 전강 · 경봉 · 숭산 · 묵산 선사와의 명쾌한 문답을 실었으며, 중앙일보의 〈한국불교의 큰스님 선문답〉 열 분의 기사와 기자의 질문에 대한 대원 선사의 별답을 함께 실었다.
200쪽. 5,000원

12. 바로보인 증도가

선종사에 사라지지 않을 발자취로 남은 영가 선사의 증도가를 대원 선사가 번역하고 법문과 송을 더하였다.
자비의 방편인 증도가의 말씀을 하나하나 쳐가는 선사의 일갈이야말로 영가 선사의 본 의중과 일치하여 부합하는 것이라 아니할 수 없다.
376쪽. 10,000원

13. 바로보인 반야심경

이 시대의 야부(冶父)선사, 대원 선사가
최초로 반야심경에 과목을 붙여 반야심경
내면에 흐르는 뜻을 밀밀하게 밝혀놓고
거침없는 송으로 들어보였다.
264쪽. 10,000원

14. 선(禪)을 묻는 그대에게 (전10권 중 2권)

대원 선사의 선수행에 대한 문답집.
깨달아 사무친 경지에 대한 밀밀한 점검
과, 오후보림에 대한 구체적인 수행법 제
시와, 최초의 무명과 우주생성의 원리까
지 낱낱이 설한 법문이 담겨 있다.
280쪽, 272쪽. 각권 15,000원

15. 바로보인 선가귀감

선가귀감은 깨닫고 닦아가는 비법이 고스
란히 전수되어 있는 선가의 거울이라 할
만하다. 더욱이 바로보인 선가귀감은 매
소절마다 대원 선사의 시송이 화살을 과
녁에 적중시키듯 역대 조사와 서산대사의
의중을 꿰뚫어 보석처럼 빛나고 있다.
352쪽. 15,000원

16. 바로보인 법융선사 심명

심명 99절의 한 소절, 한 소절이 이름 그대로 마음에 새겨두어야 할 자비광명들이다.

이 심명은 언어와 문자이면서 언어와 문자를 초월한 일상을 영위하게 하는 주옥같은 법문이다.

278쪽. 12,000원

17. 주머니 속의 심경

반야심경은 부처님이 설하신 경 중에서도 절제된 경으로 으뜸가는 경이다. 대원 선사의 선송(禪頌)도 그 뜻을 따라 간략하나 선의 풍미를 한껏 담고 있다. 하루에 한 소절씩을 읽고 참구한다면 선 수행의 지름길이 될 것이다.

84쪽. 5,000원

18. 바로보인 법성게

법성게는 한마디로 화엄경의 핵심부를 온통 훤출히 드러내놓은 게송이다. 짧은 글 속에 일체의 법을 이렇게 통렬하게 담아놓은 법문도 드물 것이다.

이렇게 함축된 법성게 법문을 대원 선사가 속속들이 밀밀하게 설해놓았다.

176쪽. 10,000원

19. 달다 - 전강 대선사 법어집

이제는 전설이 된 한국 근대선의 거목인 전강 선사님의 최상승법과 예리한 지혜, 선기로 넘쳤던 삶이 생생하게 담겨 있는 전강 대선사 법어집 〈 달다 〉!
전강 대선사님의 인가 제자인 대원 선사가 전강 대선사님의 법거량과 법문, 일화를 재조명하여 보였다.
368쪽. 15,000원

20. 기우목동가

그 뜻이 심오하여 번역하기 어려웠던 말계 지은 선사의 기우목동가!
대원 선사가 바른 뜻이 드러나도록 번역하고, 간결한 결문과 주옥같은 선송으로 다시 보였다.
146쪽. 10,000원

21. 초발심자경문

이 초발심자경문은 한문을 새기는 힘인 문리를 터득하게 하기 위하여 일부러 의역하지 않고 직역하였다.
대원 선사의 살아있는 수행지침도 실려 있다.
266쪽. 10,000원

22. 방거사어록

방거사어록은 선의 일상, 선의 누림을 보여주는 대표적인 선문이다. 역저자인 대원 선사는 방거사어록의 문답을 '본연의 바탕에서 꽃피우는 일상의 함'이라 말하고 있다. 법의 흔적마저 없는 문답의 경지를 온전하게 드러내 놓은 번역과, 방거사와 호흡을 함께 하는 듯한 '토끼뿔'이 실려 있다.

306쪽. 15,000원

23. 실증설

이 책의 모태는 대원 선사가 2010년 2월 14일 구정을 맞이하여 불자들에게 불법의 참뜻을 보이기 위해 홀연히 펜을 들어 일시에 써내려간 이 책의 3부이다. 실증한 이가 아니고는 설파할 수 없는 일구도리로 보인 이 3부와 태초로부터 영겁에 이르는 성품의 이치를 문답과 인터뷰 법문으로 낱낱이 설한 1, 2를 보아 실증하기를…

224쪽. 10,000원

24. 하택신회대사 현종기

육조대사의 법이 중국천하에 우뚝하도록 한 장본인, 하택신회대사의 현종기. 세간에 지해종도로 알려져 있는 편견을 불식시키는 뛰어난 깨달음의 경지가 여기에 담겨있다. 대원 선사가 하택신회대사의 실경지를 드러내고 바로보임으로써 빛냈다.

232쪽. 10,000원

25. 불조정맥 – 韓 · 英 · 中 3개국어판

석가모니불로부터 현 78대에 이르기까지 불조정맥진영(佛祖正脈眞影)과 정맥전법게(正脈傳法偈)를 온전하게 갖춘 최초의 불조정맥서. 대원 선사가 다년간 수집, 정리하여 기도와 관조 끝에 완성한 『불조정맥』을 3개국어로 완역하였다.
216쪽. 20,000원

26. 바른 불자가 됩시다

참된 발심을 하여 바른 신앙, 바른 수행을 하고자 해도, 그 기준을 알지 못해 방황하는 불자님들을 위해 불법의 바른 길잡이 역할을 하도록 대원 선사가 집필하여 출간하였다.
162쪽. 10,000원

27. 누구나 궁금한 33가지

21세기의 인류를 위해 모든 이들이 가장 어렵고 궁금해 하는 문제, 삶과 죽음, 종교와 진리에 대한 바른 지표를 제시하고자 대원 선사가 집필하여 출간하였다.
180쪽. 10,000원

28. 108진참회문 - 韓·英·中 3개국어판

전생의 모든 악연들이 사라져 장애가 없어지고, 소망하는 삶을 살게 하기 위해 대원 선사가 10계를 위주로 구성한 108항목의 참회문이다. 한 대목마다 1배를 하여 108배를 실천할 것을 권한다.
170쪽. 15,000원

29. 달마의 일할도 허락지 않는다

대원 선사의 짧고 명쾌한 법문집.
책을 잡는 순간 달마의 일할도 허락지 않는 선기와 맞닥뜨리게 될 것이다. 때로는 하늘을 찌를 듯한 기세와, 때로는 흔적 없는 공기와도 같은 향기를 일별하기를…
190쪽. 10,000원

30. 마음대로 앉아 죽고 서서 죽고

생사를 자재한 분들의 앉아서 열반하고 서서 열반한 내력은 물론 그분들의 생애와 법까지 일목요연하게 수록해놓았다.
446쪽. 15,000원

31. 화두 3개국어판 – 韓 · 英 · 中
『화두』는 대원 선사의 평생 선문답의 결정판이다. 생생하게 살아있는 선(禪)을 한 · 영 · 중 3개국어로 만날 수 있다. 특히 대원 선사의 짧은 일대기가 실려 있어 그 선풍을 음미하는 데에 큰 도움을 주고 있다.
440쪽. 15,000원

32. 바로보인 간당론
법문하는 이가 법리를 모르고 주장자를 치는 것을 눈먼 주장자라 한다. 법좌에 올라 주장자 쓰는 이들을 위해서 대원 선사가 간당론에서 선리(禪理)만을 취하여 『바로보인 간당론』을 출간하였다.
218쪽. 20,000원

33. 완전한 우리말 불공예식법
부처님께 공양을 올리고 불보살님의 가피를 구하는 예법 등을 총칭하여 불공예식법이라 한다. 대원 선사가 이러한 불공예식의 본뜻을 살려서 완전한 우리말본 불공예식법을 출간하였다.
456쪽. 38,000원

34. 바로보인 유마경

유마경은 불법의 최정점을 찍는 경전이라 할 것이니, 불보살님이 교화하는 경지에서의 깨달음의 실경과 신통자재한 방편행을 보여주는 최상승 경전이다. 대원 선사가 〈 대원선사 토끼뿔 〉로 이 유마경에 걸맞는 최상승법을 이 시대에 다시금 드날렸다.

568쪽. 20,000원

35. 실증설
5개국어판 – 韓 · 英 · 佛 · 西 · 中

대원 선사가 불법의 참뜻을 보이기 위해 홀연히 펜을 들어 일시에 써내려간 실증설! 실증한 이가 아니고는 설파할 수 없는 도리로 가득한 이 책이 드디어 영어, 불어, 스페인어, 중국어를 더하여 5개국어로 편찬되었다.

860쪽. 25,000원

36. 누구나 궁금한 33가지
3개국어판 – 韓 · 英 · 中

누구라도 풀어야 할 숙제인 33가지의 의문에 대한 답을 21세기의 현대인에게 맞는 비유와 언어로 되살린 『누구나 궁금한 33가지』가 한글, 영어, 중국어 3개국어로 출간되었다.

408쪽. 15,000원

37. 달마의 일할도 허락지 않는다
3개국어판 - 韓·英·中
대원 선사의 짧고 명쾌한 법문집인 『달마의 일할도 허락지 않는다』가 한글, 영어, 중국어 3개국어로 출간되었다. 전세계에서 유일하게 활선의 가풍이 이어지고 있는 한국, 그 가운데에서도 불조의 정맥을 이은 대원 선사가 살활자재한 법문을 세계로 전하고 있는 책이다.
308쪽. 15,000원

38. 화엄경 (전81권 중 41권)
대원 선사는 선문염송 30권, 전등록 30권을 모두 역해하여 세계 최초로 1,463칙 전 공안에 착어하였다. 이러한 안목으로 대천세계를 손바닥의 겨자씨 들여다보듯 하신 불보살님들의 지혜와 신통으로 누리는 불가사의한 화엄세계를 열어 보였다.
각권 15,000원

39. 법성게 3개국어판 - 韓·英·中
법성게는 한마디로 화엄경의 핵심부를 훤출히 드러내놓은 게송으로 짧은 글 속에 일체 법을 고스란히 담아 놓았다. 대원 선사의 통쾌한 법성게 법문이 한영중 3개국어로 출간되었다.
376쪽. 15,000원

40. 정법의 원류

『정법의 원류』는 불조정맥을 이은 정맥선원의 소개서이다. 정맥선원은 불조정맥 제77조 조계종 전강 대선사의 인가 제자인 대원 전법선사가 주재하는 도량이다. 『정법의 원류』를 통해 정맥선원 대원 선사의 정맥을 이은 법과 지도방편을 만날 수 있다.

444쪽. 20,000원

41. 바로보인 도가귀감

도가귀감은, 온통인 마음[一物]을 밝혀 회복함으로써, 생사를 비롯한 모든 아픔과 고를 여의어, 뜻과 같이 누려서 살게 하고자 한 도교의 뜻을, 서산대사가 밝혀 놓은 책이다. 대원 선사가 부록으로 도덕경의 중대한 대목을 더하고, 그 대목대목마다 결문(決文)하였다.

218쪽. 12,000원

42. 바로보인 유가귀감

유가귀감은 서산대사가 간추려놓은 구절로서, 간결하지만 심오하기 그지없으니, 간략한 구절 속에서 유교 사상을 미루어 볼 수 있게 하였다. 대원 선사가 그 뜻이 잘 드러나게 번역하고 그 대목대목마다 결문(決文)하였다.

236쪽. 15,000원

출간도서

바로보인 전등록 전 5권
바로보인 무문관
바로보인 벽암록
바로보인 천부경·교화경·치화경
바로보인 금강경
세월을 북채로 세상을 북삼아
영원한 현실
바로보인 신심명
바로보인 환단고기 전 5권
바로보인 선문염송 전 30권
앞뜰에 국화꽃 곱고 북산에 첫눈 희다
바로보인 증도가
바로보인 반야심경
선을 묻는 그대에게 1·2
바로보인 선가귀감
바로보인 법융선사 심명
주머니 속의 심경
바로보인 법성게
달다 -전강 대선사 법어집
기우목동가
초발심자경문
방거사어록

실증설
하택신회대사 현종기
불조정맥 - 한·영·중 3개국어판
바른 불자가 됩시다
누구나 궁금한 33가지
108진참회문 - 한·영·중 3개국어판
달마의 일할도 허락지 않는다
마음대로 앉아 죽고 서서 죽고
화두 - 한·영·중 3개국어판
바로보인 간당론
완전한 우리말 불공예식법
바로보인 유마경
실증설 5개국어판 - 한·영·불·서·중
누구나 궁금한 33가지 3개국어판
 - 한·영·중
달마의 일할도 허락지 않는다
3개국어판 - 한·영·중
화엄경 전 81권 중 41권
법성게 3개국어판 - 한·영·중
정법의 원류
바로보인 도가귀감
바로보인 유가귀감

출간예정 도서

화엄경 43권 ~ 81권
바로보인 능엄경 제6권
바로보인 원각경
바로보인 육조단경
바로보인 대전화상주 심경
바로보인 전등록 전 30권
바로보인 위앙록
해동전등록
말 밖의 말
언어의 향기

농선 대원 선사 선송집
진리와 과학의 만남
바로보인 5대 종교
금강경 야부송과 대원선사 토끼뿔
선재동자 참알 오십삼선지식
경봉선사 혜암선사 법을 들어 설하다
십현담 주해
불교대전
태고보우선사어록

대원 선사님 작사 노래 CD 주문판매합니다

가슴으로 부르는
불심의 노래

1. 서 원 가 (3:36)
2. 반조 염불가 (4:00)
3. 소중한 삶 (2:30)
4. 석가모니불 (4:52)
5. 맹서의 노래 (4:25)
6. 염원의 노래 (3:25)
7. 음성 공양 (3:51)
8. 발 심 가 (3:05)
9. 자비의 품 (4:10)
10. 부처님 은혜(첫 번째) (4:34)

11. 보살의 마음 (3:50)
12. 이 생에 해야 할 일 (3:08)
13. 구도의 목표 (3:18)
14. 님은 아시리 (3:42)
15. 부처님 은혜(두 번째) (4:34)
16. 성중성인 오섯네 (3:10)
17. 내 문제는 내가 풀자 (2:38)
18. 출가운 밥 (2:27)
19. 관 음 가 (2:48)

• 가격 : 2만원

가슴으로 부르는
불심의 노래 2

1. 부 처 님 (4:01)
2. 열반재일 (3:09)
3. 성도재일 (4:00)
4. 석굴암의 노래 (3:19)
5. 님의 모습 (3:15)
6. 믿고 따르세 (2:55)
7. 신명을 다하리 (4:17)
8. 부처님께 바치는 마음 (3:49)
9. 감사합니다 (3:10)
10. 교 환 가 (4:30)

11. 십전강 소초 (3:08)
12. 캔 수 가[1] (3:02)
13. 캔 수 가[2] (3:02)
14. 우란분재일 (3:38)
15. 고맙습니다 (2:31)
16. 믿음으로 여는 세상 (3:05)
17. 출가재일 (2:44)
18. 열 원 (2:52)
19. 우리네 삶, 고운 수로 (2:35)
20. 숲속의 마음 (2:33)

• 가격 : 1만5천원

문의 전화 ☎ 031-534-3373

법문 MP3를 주문판매합니다

부처님의 78대손이신 농선 대원 전법선사님의 법문 MF
왔습니다. 책으로만 보아서는 고준하여 알기 어려웠던 선
치들이 자세히 설하여져 있어서, 모든 궁금증을 시원하게
것입니다.

- 천부경 : 15,000원
- 신심명 : 30,000원
- 현종기 : 65,000원
- 기우목동가 : 75,000원
- 반야심경 : 1회당 5,000원 (총 32회)
- 선가귀감 : 1회당 5,000원 (총 80회)

- 금강경 : 40,000원
- 법성게 : 10,000원
- 법융선사 심명 : 100,000원

유튜브에서 채널 구독하시고
무료로 찬불가 앨범을 감상하세요

유튜브에서 MOONZEN을 검색하시거나
아래의 주소로 접속해주세요

http://www.youtube.com/user/officialMOONZEN

화엄경 42권은 성불사 국제정맥선원
지곡 서주희 본연님의 보시에 의해
출간되었습니다. 이 무량공덕으로 구
경성불하시기를 기원합니다.